「ひとさじ」で変わる新しいみその使い方

みそ味じゃないみそレシピ

minokamo 著

池田書店

え、これ、
みそ、
入ってるの？

たまごサンドに、
ナポリタンに、
カレーに、
みそを「ひとさじ」。
コクと旨みが増して、
ふだんの料理がグンとおいしく。
みそが大好きな料理家が伝えたいのが、
ほんのひとさじで料理を変える
「みそ加減」。
みそ味じゃないみそレシピを、
楽しみましょう。

はじめに

みそって面白い！
みそだけで各地の風土が感じられたり、
大豆、麦、麹、塩――基本の材料は同じなのに、
作り手や作り方でそれぞれ味わいが違ったり、
いつ作って、どんな環境で、何カ月、何年熟成させるかでも変化する。
おおげさだけど、一期一会の味。みそは、そのときどきで、いつだって料理を、
食卓をおいしくしてくれるのです。

ここで自己紹介をしますね。
この本の著者、料理家で写真家のminokamoです。
活動名は、出身地の岐阜県美濃加茂市からいただきました。
おばあちゃん子だった私は、祖母と過ごすうちに、
自然と故郷である美濃地域の郷土料理になじんでいました。
現在は、料理旅をして訪れた各地の郷土料理を紹介したり、
その土地の食材でレシピを提案したり。
日々の食を通して、みなさんの食卓がおいしく、
暮らしが楽しくなることを願って活動しています。
日本各地へ料理旅をしていると、
その土地に伝わり、愛され、育まれてきたみそや、
みそを使ったその土地ならではの料理にも出会います。

海を渡っての料理旅では、その国独特の料理をいただきながら
「みそを入れてもおいしそう！」と想像することも。
日常では、そのときある野菜などをその日の気分で料理していますが、
いつもの料理にみそをプラスしたり、
いつもの調味料をみそに替えたりする――〝みそ変換〟をすると、
いつもと同じ顔に見える料理なのに、
じっくり煮込んだような深みを感じたり、
味にまとまりが出たり、まろやかな味わいになったり……。
そんなおいしい発見があると、
「みそ、ありがとう！」と、声に出したくなります。

こうして生まれたみそ料理を、
1冊にまとめたのが、この本です。
いろんな料理を、みそを通して見る
「みそめがね」をかけて、みなさんと、
おいしい発見ができたらうれしいです。
まずはページをめくってminokamoが提案する、
「みそ味じゃない、みそレシピ」を眺めてみてください。
そして、気になる料理があったら、
あなたの食卓にどうぞ。

minokamo

目次

3章 ごはんがすすむ みそのメインおかず

4章 コクが出る みその鍋・スープ

5章 やさしい塩味 みそのおやつ

6章 みそと暮らす

序章

あらためて、みそのことを知りましょう

日々の食卓をおいしくしてくれている、みそ。
暮らしの中にあたりまえのようにあるけれど、
みそについて、知らないことも多いかも。
みそ味じゃないみそレシピをもっと楽しむために、
種類や選び方、栄養や上手な使い方など、
みその基礎知識を学びましょう。

佐野みそさんに聞いてみた！

みその種類と選び方

餅は餅屋。ならば、みそのことはみそ屋さんに聞いてみよう。東京・亀戸の創業90年超の佐野みそさんに、みその基本を教えてもらいました。

佐野みそさん Q&A 1

Q. みそにはどんな種類があるの？

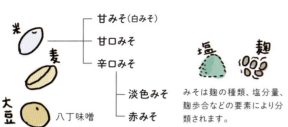

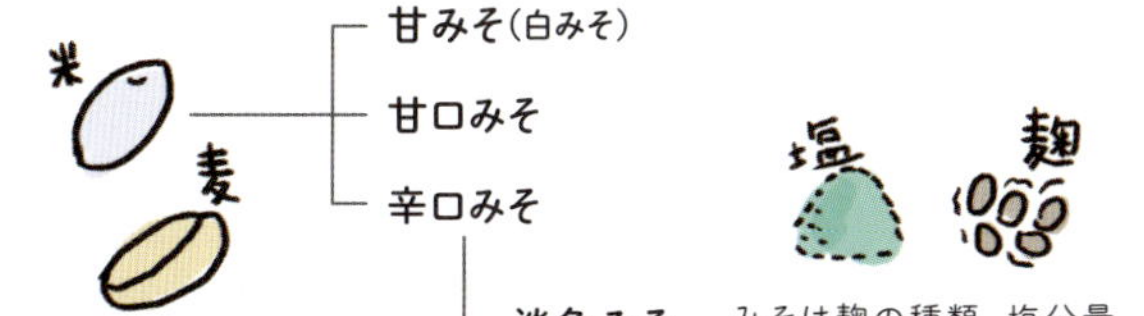

みそは麹の種類、塩分量、麹歩合などの要素により分類されます。

A. 地域や蔵でも違いがあります

　みその材料は大豆、麹、塩と、とてもシンプルなのに、実にさまざまな種類があります。まず、使う麹によって、米麹の米みそ、麦麹の麦みそ、大豆そのものを麹化させた豆みそに分かれています。さらに、地域の風土に応じた塩加減や麹歩合（麹の割合）、発酵期間で風味や色、味わいが異なります。

　北海道や北陸、関東甲信越などでは、辛口の米みそが多く、仙台みそや信州みそなどがその代表格。塩分量が多めで、じっくり時間をかけて作られています。

　麹歩合が多く、短期間熟成型なのが、近畿地方の白みそや四国・中国・九州地方に多く見られる麦みそで、甘みのある味わいが特徴です。

　そして、大豆を使った豆みそで特に有名なのが、愛知県の〝八丁味噌〟です。色が濃く、香りや旨みが強く個性的。

　また、同じ地域のみそでも、蔵ごとに蔵や樽などに染み込み、生きている〝蔵つき菌〟と呼ばれる独自の菌を持っているので、それぞれ味わいが異なります。

佐野みそ

昭和9年（1934年）創業。東京・亀戸の本店には噌ムリエ（ソムリエ）が常駐し、全国から選りすぐった70種のみその量り売り、イートインなど、楽しくみそ選びができる。

佐野みそさん Q&A 2

Q. どうやって選べばいい？

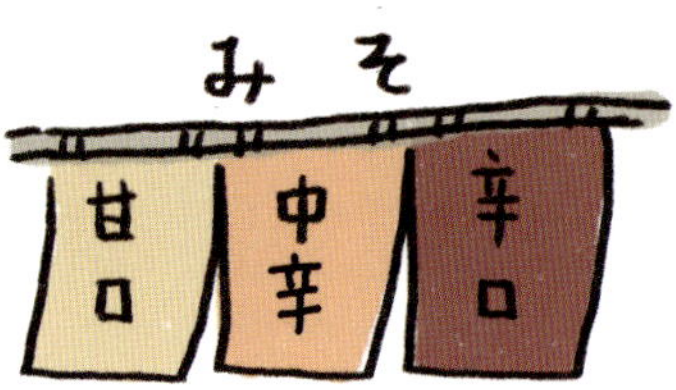

A. 色で選ぶと使いやすいですよ

地域や使う麹の種類などで多種多様なみそがあるので、どれを選べばよいのかわからない、という方もいるかもしれません。それなら、色を目安に選ぶことをおすすめします。

辛口みそのようにじっくり熟成させたタイプは色が濃くなり、水分量が減るため、料理にコクと深みを与えてくれます。

一方、白みそなど薄い色のみそは、塩分量を減らし、麹歩合が多いため、甘みそが多く、素材を生かす料理やおやつなど甘みを引き立たせたいときに使うといいでしょう。

おすすめは、色の違いで3～4種類のみそを用意しておいて、料理や素材に応じて使い分けること。薄い色のみそはおやつやホワイトソースに合わせたり、濃い色のみそはビーフシチューや中華料理のコク出しに使ったり。中間の色のみそは使い勝手がいいので、炊き込みごはんやトマトソースなど、さまざまな料理に役立ちます。

きっと慣れ親しんだみそがあるはずです。そのみそから始めて、少しずつほかの色のみそを試していくと、料理がもっと楽しくなるでしょう。

Column1　夏は赤みそ、冬は白みそ？

茶事の懐石料理では冬は白みそ、夏は赤みそとされています。塩分が高くすっきりした味わいの赤みそが夏に合い、甘みを感じる白みそが冬に合うということで、これが白みそがよく使われる京都で受け入れられていったようです。季節ごとの気候や食材に応じてみそを使い分ける、こうした知恵も取り入れたいですね。

本書では使うみそを色でわかりやすく！

全レシピについている“みそバー”を見ると、そのレシピにおすすめのみその色がわかります。
もちろん、その色のみそだけではなく、ほかの色のみそでもOK。
いろいろ試して、好みの味を見つけてくださいね。

パッと色がわかる“みそバー”

クリーム系、おやつに！
まろやかなコク

みそオムレツ（P.48）やカマンベールチーズケーキ（P.106）など

オールマイティ！
使いやすい

本書内のどの料理でもOK

煮込み料理に！
コクがアップ

みそハヤシライス（P.30）やみそ麻婆豆腐（P.80）など

1 定番料理がおいしくなる みそのごはん、麺、パン

みそトマトソース＆みそミートソース

材料はシンプルだけど、みそのおかげでコクが出ます。パスタやパン、お肉やごはんにも合う万能ソースです。

おすすめ
ローズマリーやタイムなど、お好みのハーブを3の工程で加えると香り良く仕上がります。

おすすめ

22

みそミートソース

材料（2人分）
にんにく──1片
玉ねぎ──½個（100g）
植物油──大さじ3
合いびき肉──180g
A 混ぜておく
みそ──大さじ3
水──大さじ2
ウスターソース──大さじ1
カットトマト缶──½缶
（トマトジュース200ccでも可）

作り方
1 にんにく、玉ねぎはみじん切りにする。
2 フライパンに油、にんにく、玉ねぎを入れて強火で炒める。にんにくの香りが立ったらひき肉を加えて火が通るまで炒める。
3 Aを加えてしっかり混ぜてから、トマト缶を加えて好みの水分量になるまで煮詰めたらできあがり。

コレもおいしい！
合いびき肉
→牛ひき肉・豚ひき肉（180g）

みそトマトソース

材料（2人分）
にんにく──1片
玉ねぎ──½個（100g）
植物油──大さじ5と⅓
A 混ぜておく
みそ──大さじ3
水──大さじ2
カットトマト缶──1缶
（トマトジュース400ccでも可）

作り方
1 にんにく、玉ねぎはみじん切りにする。
2 フライパンに油、にんにくを入れて熱し、にんにくの香りが立ったら玉ねぎを加えて弱めの中火で炒める。薄く茶色になるまで炒めたら、Aを加えて混ぜながら炒める。
3 トマト缶を加えて強火にし、ふつふつしたら中火にする。混ぜながら水分が¼ほど飛ぶまで煮詰めたらできあがり。

23

「コレもおいしい！」は、レシピで使っている食材のほかに相性の良い食材をご案内。

「おすすめ」では食材をプラスするなど、おすすめのアレンジ方法を紹介しています。

みそバーの種類

どんな色のみそでもOK

濃い色がおすすめ

薄い色がおすすめ

濃い色以外がおすすめ

薄い色以外がおすすめ

本書のレシピについて

- 本書では、それぞれのレシピに合うみそを色で示していますが、必ずしもその色のものでなくても、好みのみそをお使いください。濃い色のみそを使うレシピでは、甘みのある調味料の量を調整する場合があります。その場合は【注】を入れています。
- みそ大さじ1＝18g、小さじ1＝6gです。そのほかの計量単位は大さじ1＝15cc、小さじ1＝5ccです。
- 電子レンジは600Wのものを使用しています。
- 火加減は特に表記がない場合は、中火で調理してください。
- 植物油は白ごま油やオリーブオイル、米油、なたね油、サラダ油など、お好みのものをご使用ください。

みそは、
さまざまな
調味料や食材と
仲良くしてくれます。

みそ×煮込みハンバーグ
みそ×えびピラフ
みそ×タンドリーチキン
みそは、さまざまな食材、
調味料とも好相性。
ごはんはもちろん、
パンやパスタにも。
意外なところでみそをひとさじ、
新しい味わいが広がります。

みそと○○のおいしい関係

みそ＋コク

バター・チーズ・くるみ・ごま・オイスターソース・中濃ソースなど

料理例

えびみそピラフ（P.32）、豚の黒ごまみそソース（P.54）、カマンベールチーズケーキ（P.106）など

みそ＋香り

ナンプラー・にんにく・玉ねぎ・ハーブ・しそ・ねぎ・みょうが・しょうがなど

料理例

みそガパオライス（P.35）、みそなめろう（P.59）、かんたんサルシッチャ（P.74）など

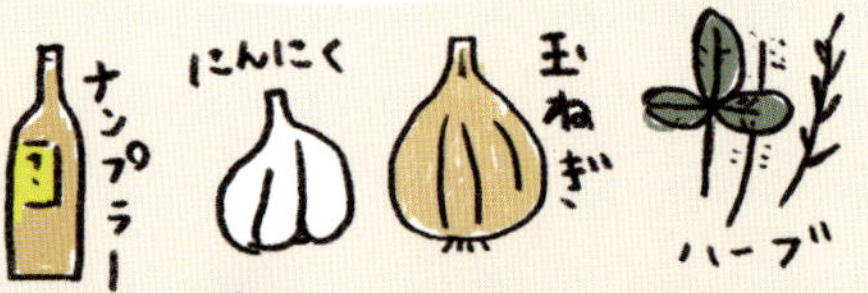

みそ＋スパイシー

こしょう・スパイス・カレー粉（ルウ）・豆板醤・唐辛子・山椒など

料理例

みそチキンカレー（P.28）、タンドリーチキン（P.79）、みそ麻婆豆腐（P.80）など

どんな食材や料理とも仲良くしてくれるみその魅力をお伝えしたくて、調味料や食材との組み合わせについて考えてみました。分類はコク、香り、スパイシー、酸味、まろやか、甘みの6つ。普段のみそ付き合いに新たな発見になればうれしいです。

みそ＋酸味

トマト缶・マヨネーズ・レモン・酢・からし・マスタード・梅干しなど

料理例

みそトマトソース（P.22）、レモンきゅうりみそサラダ（P.42）、手羽先みそビネガー煮（P.66）など

みそ＋まろやか

牛乳・豆乳・ヨーグルト・油・ココナッツミルクなど

料理例

鹹豆漿素麺（P.37）、タラとトマトのオイル煮（P.60）、シュクメルリ（P.98）など

みそ＋甘み

砂糖・はちみつ・ケチャップ・みりん・ジャム・チョコなど

料理例

みそナポリタン（P.24）、ハニーマスタードポークソテー（P.70）、みそ生チョコ（P.112）など

ひとさじのみその中には栄養素が20種類以上！

佐野みそさん監修！

みそと健康

まいにちのみそ料理が健康につながる

みその主原料である大豆は「畑の肉」とも言われ、良質なたんぱく質が豊富に含まれています。また、大豆の発酵過程で生まれるアミノ酸やビタミンなど、人に必要なさまざまな栄養素がたっぷり含まれます。

特に、アミノ酸の中でも、旨み成分であるグルタミン酸やアスパラギン酸が多く含まれることが特徴です。そして、発酵していることによって、栄養素が体に吸収しやすくなっています。

まいにち1杯のみそ汁が、多くの栄養を私たちの体にもたらしてくれるのです。

Column2　医者に金を払うよりも、みそ屋に払え

日本には、みそと健康のつながりをたとえたことわざがたくさんあります。そのひとつが「医者に金を払うよりも、みそ屋に払え」。これは江戸時代に生まれたことわざで、その頃からみそが人々の健康を支えてくれる存在だったことがわかります。このほか、「みそ汁は不老長寿の薬」や「みそ汁一杯 三里の力」など、みそにまつわることわざがたくさんあります。

実は塩分が少ない

みそは塩分量が多いと思われている方がいるかもしれませんが、みそ汁1杯（みそ大さじ1）に含まれる塩分量は約2g。ちなみにしょうゆ大さじ1の塩分量は約3gです。1日の塩分摂取量の目安（成人男性7.5g未満、成人女性6.5g未満）からすると、実は塩分量は高くはないのです。

美肌に一役

みそに含まれる大豆イソフラボンやアミノ酸、ビタミン群は美肌の味方とも言える栄養素。さらに抗酸化力を高めてくれるポリフェノールや、メラニンの合成を抑えてくれるリノール酸など、肌にうれしい栄養が含まれているのです。

コレステロール値が気になるなら

みその原材料である大豆には、コレステロール値の上昇を抑えるとされているサポニンやレシチンが含まれ、生活習慣病の予防も期待されています。

腸も喜ぶ

みそは腸内環境を整えるのに必要な善玉菌のエサとなる、乳酸菌が含まれる発酵食品です。

さらにみそ汁の具材に食物繊維が豊富な野菜を入れることで、より腸が喜ぶ料理になります。

食材でひと工夫

みその栄養素を手軽に摂り入れるには、みそ汁がおすすめ。具材には、余分な塩分を体外に排出してくれるカリウムや消化を助ける食物繊維を含む、ワカメやほうれん草をどうぞ。もちろん、いろいろな食材でまいにちおいしく続けることが大切です。

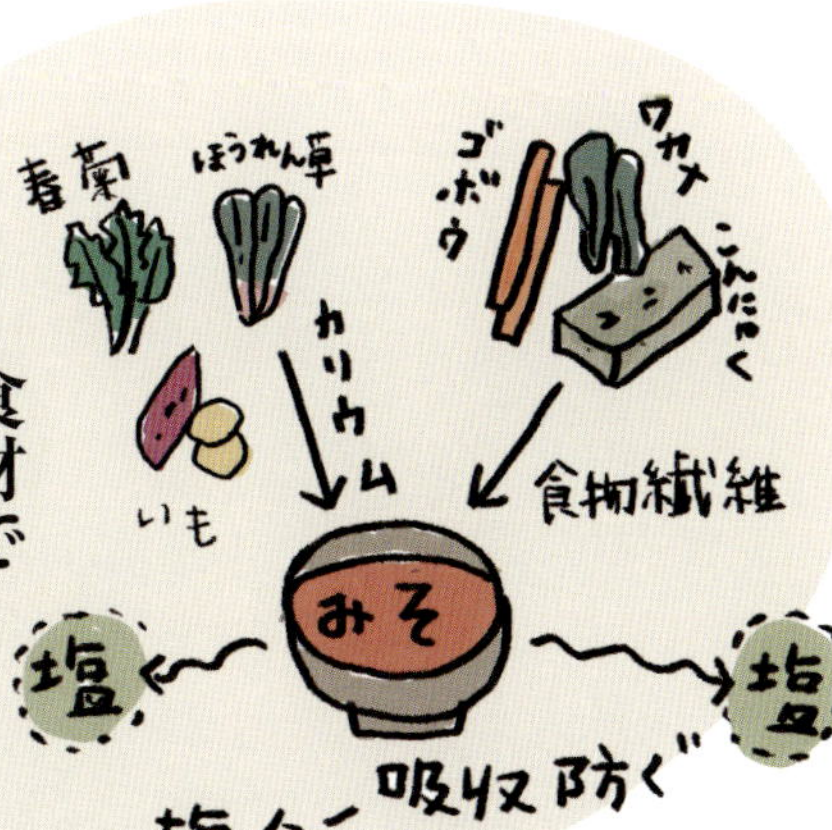

まいにちの〝みそ付き合い〟のミソ

日々みそを使って料理していると、
ちょっとしたみそとの
付き合い方のコツが
自然と身に付くようです。
ここではその
〝みそ付き合い〟のミソを
いくつかご紹介します。

1

みそは水で溶くと使いやすい

みそを使うときは同量の水か使用する液体の調味料（みりん、お酒など）とあらかじめ混ぜておくと、調味料として使いやすくなります。

2

油と混ぜ炒めるとコクがアップ

みそは、油と混ぜながらよく炒めると、コクと旨みが増し、ストレートなみその風味から、隠し味に変化します。

3

少量のみそで味にアクセント

食材にチョンチョンと少量塗ると味のアクセントになり、いつもの料理にほんのりコクが出ます。

4

マイみそパレットを作る

ひとつの容器に数種の色のみそを入れた「みそパレット」を用意すると、料理時のみそ選びがスムーズ。料理により、1色にしたり2色を混ぜたり。きちんとみそを使い分けたいときは、仕切りに昆布を入れるのがおすすめです。

5

みその保存法

手作りのみそなどの熟成の変化を楽しみたいときは、常温や冷蔵保存。味をキープしたいときは、冷凍保存。冷凍すると少し硬くなりますが、そのまま使えます。

1章

定番料理がおいしくなるみそのごはん、麺、パン

パンやパスタ、カレー、焼きそばにも、みそをひとさじ、加えてみましょう。
おなじみの定番料理に、意外なおいしさ、
新しい味わいをもたらしてくれます。

しそみそたまごサンド

みそをパンにチョンチョンとまだらにのせるのがミソ。
ひと口ごとに味わいが変わるのが楽しい！

材料（1人分）

玉ねぎ……$\frac{1}{4}$個（30g）
卵……3個
食パン……2枚（6枚切りか4枚切り）
しそ……2枚
A 混ぜておく
　酢……小さじ1と$\frac{1}{2}$
　オリーブオイル……小さじ2
　マヨネーズ……小さじ2
　みそ……小さじ1
マヨネーズ……小さじ2
みそ……小さじ2

＊みそは、薄い色の方が卵の色がきれいに仕上がります。

作り方

1 玉ねぎはみじん切りにする。鍋に卵と、卵がかぶるくらいの水（分量外）を入れて強火で加熱し、沸騰したら弱めの中火にして7分半ゆでる。流水で熱をとりながら殻をむいてボウルに入れ、フォークなどで食感が残る程度にざっくり潰す。Aを加えて混ぜる。

2 パンは2枚とも片面にマヨネーズを塗り、その上にみそをチョンチョンとまだらにのせる。

3 片方のパンの上に、しそ、卵を山型にのせ、もう1枚のマヨネーズ面を下にしてかぶせたら四隅を軽くおさえる。

＊カットする場合はのこぎりのように前後に包丁を動かすと切りやすいです。

みそトマトソース&みそミートソース

材料はシンプルだけど、
みそのおかげでコクが出ます。
パスタやパン、お肉や
ごはんにも合う万能ソースです。

おすすめ

ローズマリーやタイムなど、お好みのハーブを3の工程で加えると香り良く仕上がります。

おすすめ

仕上げにパルメザンチーズを加えると深みがアップ。ごはんにのせてタバスコを振れば、タコライスに変身。

みそミートソース

材料（2人分）

にんにく……1片
玉ねぎ……½個（100g）
植物油……大さじ3
合いびき肉……180g
A 混ぜておく
　みそ……大さじ3
　水……大さじ2
　ウスターソース……大さじ1
カットトマト缶……½缶
（トマトジュース200ccでも可）

作り方

1 にんにく、玉ねぎはみじん切りにする。

2 フライパンに油、にんにく、玉ねぎを入れて強火で炒める。にんにくの香りが立ったらひき肉を加えて火が通るまで炒める。

3 Aを加えてしっかり混ぜてから、トマト缶を加えて好みの水分量になるまで煮詰めたらできあがり。

コレもおいしい！

合いびき肉
→牛ひき肉・豚ひき肉（180g）

みそトマトソース

材料（2人分）

にんにく……1片
玉ねぎ……½個（100g）
植物油……大さじ5と⅓
A 混ぜておく
　みそ……大さじ3
　水……大さじ2
カットトマト缶……1缶
（トマトジュース400ccでも可）

作り方

1 にんにく、玉ねぎはみじん切りにする。

2 フライパンに油、にんにくを入れて熱し、にんにくの香りが立ったら玉ねぎを加えて弱めの中火で炒める。薄く茶色になるまで炒めたら、Aを加えて混ぜながら炒める。

3 トマト缶を加えて強火にし、ふつふつしたら中火にする。混ぜながら水分が¼ほど飛ぶまで煮詰めたらできあがり。

みそナポリタン

おなじみのケチャップ味にみそをプラスすると、
まとまりのある少し大人びた味わいに。
チキンライスにも応用できますよ。

材料（1人分）

玉ねぎ……¼個
ピーマン……1個
鶏もも肉……80g
スパゲッティ……80g
植物油……大さじ1
A 混ぜておく
ケチャップ……大さじ2〜3（お好みで）
みそ……大さじ½
粉チーズ（お好みで）……適量

コレもおいしい！

鶏もも肉
→**鶏むね肉**（80g）**・ソーセージ**（2本）

作り方

1 玉ねぎは1cm幅に切り、ピーマンは縦半分に切って種を除き、2cm幅に切る。鶏肉は小さめのひと口大に切る。スパゲッティは表示時間通りにゆでる。

2 フライパンに油、玉ねぎ、鶏肉を入れて強火で炒める。鶏肉に火が通ったらピーマンと**A**を加えて混ぜながら炒める。

3 ゆで上がったスパゲッティを**2**に加えて混ぜる。器に盛り、お好みで粉チーズをかける。

＊**3**で混ざりづらいときは、スパゲッティのゆで汁を大さじ2加えてください。

みそボナーラ

卵黄、みそ、オイルを混ぜるだけ。ささっと仕上がるシンプル&コクうまパスタです。

材料（1人分）

スパゲッティ……100g
卵黄……1個
みそ……小さじ2と$\frac{2}{3}$
オリーブオイル……大さじ1
粗びきこしょう……適量

おすすめ

スパゲッティと一緒にひと口大に切ったキャベツや、いんげんを一緒にゆでて絡めても。その場合はみそを大さじ1にするのがおすすめ。

作り方

1 スパゲッティを表示時間通りにゆでている間にソースを作る。ボウルに、卵黄、みそを入れ、泡立て器でしっかり混ぜる。オリーブオイルを3回に分けて入れながらさらによく混ぜる。

2 ゆで上がったスパゲッティを1に入れて混ぜる。仕上げにこしょうをかけたらできあがり。

*スパゲッティをゆでるお湯に入れる塩（分量外）は水の量に対して1%が目安。水1ℓなら10gを目安に。

みそクリームパスタ

牛乳を使ったクリームソースには、
薄い色のみその甘みをプラス。
お好みでバターやチーズを加えるとより濃厚な味わいに。

材料（1人分）

玉ねぎ……$\frac{1}{4}$個
植物油……大さじ1
鶏ひき肉（もも肉）……50g
A 混ぜておく
　みそ……大さじ1
　水……大さじ1
牛乳……200cc
B 混ぜておく
　片栗粉……小さじ1
　水……大さじ1
スパゲッティ……80g〜100g
塩……少々
粗びきこしょう……適量

作り方

1 玉ねぎは薄切りかみじん切りにする。

2 フライパンに油、玉ねぎを入れ、強火でしんなりするまで炒めてからひき肉を加えて炒める。ひき肉に火が通ったらAを加えて、水分を飛ばしながら炒める。

3 牛乳を加えてヘラで混ぜながら水分量が$\frac{1}{3}$程度になるまで煮詰め、Bを加えて混ぜる。

4 表記時間より1分短くゆでたスパゲッティを加えて混ぜ、塩で味を調える。仕上げに粗びきこしょうをかける。

おすすめ

ごはんにかけてドリア、焼いた鶏肉にかけてクリームソースソテーにアレンジしても良し。
さっぱり仕上げたいときはBを入れずにスープ仕立てに。

コレもおいしい！

鶏ひき肉
→**ベーコン**（3枚）

みそチキンカレー

お客さまに振る舞うことが多い一品です。
カレー粉を加える前にみそをしっかり炒めれば、
スパイスを引き立て、旨みもアップ。
大根やれんこん、ししとう、きのこ類など、
どんな具材でもさっとおいしくできあがります。

材料（2人分）

鶏もも肉……1枚
塩……2つまみ
玉ねぎ……1/2個
しょうが……1/2片（にんにく1片でも可）
植物油……大さじ2
A 混ぜておく
みそ……大さじ2
水……大さじ2
カレー粉……大さじ2と1/2
カットトマト缶……1/2缶
（トマトジュース200ccでも可）
水……100cc
温かいごはん……茶碗2杯分

作り方

1 鶏肉は小さめのひと口大に切り、塩を振る。玉ねぎは粗みじん切りに、しょうがはみじん切りにする。

2 フライパンに油、玉ねぎ、しょうがを入れて強火で炒め、火が通ったら鶏肉を加える。鶏肉の一部に焼き色がついたら、Aを加えて水分を飛ばしながらしっかり炒める。

3 カレー粉を加えてさらに混ぜたら、トマト缶と水を加えて煮込む。ごはんにかけていただく。

コレもおいしい！

鶏もも肉→**豚バラ肉**（200g）

みそハヤシライス

じっくり煮込んだかのような深い味わい。
おうちで洋食屋さん気分をどうぞ。

材料（2人分）

玉ねぎ……1個
牛こま切れ肉……150g
片栗粉……大さじ1
植物油……大さじ2
A 混ぜておく
　みそ……大さじ2
　水……大さじ2
　ケチャップ……大さじ3
きび砂糖……小さじ1
カットトマト缶……½缶
　（トマトジュース200ccでも可）
赤ワイン……50cc
温かいごはん……茶碗2杯分

作り方

1 玉ねぎは繊維を切るように5mmの厚さに切る。牛肉は片栗粉をさっとまぶしておく。

2 フライパンに油、玉ねぎを入れて強火で炒め、玉ねぎに火が通ったらAを加えてよく炒める。

3 牛肉と砂糖を加えて混ぜる。さらにトマト缶と赤ワインを加え、牛肉に火が通るまで煮込む。ごはんにかけていただく。

みそ牛丼

ごはんがすすむ、しょうゆとみその合わせ技。

同じ作り方で豚丼や鶏丼もおすすめ。

材料（1人分）

牛こま切れ肉……100g
玉ねぎ……¼個
しょうが……½片

A

- 水……100cc
- みりん……大さじ3
- みそ……大さじ1
- きび砂糖……大さじ1
- しょうゆ……大さじ½

温かいごはん……茶碗1杯分

コレもおいしい！

牛こま切れ肉→**豚バラ肉**（100g）

作り方

1 鍋にお湯（分量外）を沸かして火を止めたら、牛肉を入れてさっとゆがいてすぐザルにあげる（アク抜き）。玉ねぎは5mm幅に切り、しょうがは千切りにする。

2 鍋にAを入れて混ぜ、みそが溶けたら玉ねぎを加えて強火で加熱する。水分が⅓ほどになり、玉ねぎがくったりしたら1の牛肉としょうがを加え混ぜ、火を止める。ごはんにかけていただく。

おすすめ

仕上げに生卵をのせるとまろやかに。

えびみそピラフ

喫茶店のえびピラフのような味を炊飯器で。
みそのおかげでえびや玉ねぎの旨みがより引き立ちます。

材料（2合分）

米……2合

A

- 玉ねぎ（大）……1/4個
- パプリカ……1/4個
- 小えび……100g（16尾ほど）
- 水……370cc
- みそ……大さじ2
- 日本酒……大さじ2
- 塩……小さじ1
- バター……20g
（オリーブオイル大さじ1でも）

こしょう・刻みパセリ
（お好みで）……適量

作り方

1 米は研いでザルにあげ、炊飯器に入れる。Aの玉ねぎとパプリカはみじん切りにする。

2 米を入れた炊飯器にAを入れて炊く。炊けたら混ぜ合わせ、お好みでこしょうや刻みパセリをかける。

＊鍋で炊く場合　研いだ米をAの水に30分ほど浸水させてから残りのAを加えて強火で加熱し、沸騰したら弱火にして8分、火を止めて6分蒸らします。

コレもおいしい！

小えび→**あさり**（12粒ほど）

みそ炊き込みごはん

鶏肉とみその組み合わせが生む
旨みの相乗効果を、
炊き込みごはんで堪能しましょう。
鶏肉をあさりに替えて、
深川めしとしても楽しめます。

材料（2合分）

鶏もも肉……½枚
塩……少々
にんじん……½本
しょうが……½片
（万能ねぎ、三つ葉でも）
米……2合
水……340cc
A
みそ……大さじ2
みりん……大さじ2
しょうゆ……小さじ2

作り方

1 鶏肉は3cm角に切り、塩をまぶしておく。にんじんは千切り、しょうがはみじん切りにする。

2 炊飯器に研いだ米、水、Aを入れ、その上に鶏肉とにんじんをのせて炊く。炊けたらしょうがを加え、混ぜ合わせる。

*鍋で炊く場合 研いだ米を材料の水に30分ほど浸水させてからA、鶏肉、にんじんを加えて強火で加熱し、沸騰したら弱火にして8分、火を止めて6分蒸らしてからしょうがを加えて混ぜ合わせます。

みそチャーハン

香ばしく炒めたにんにくとみそが
後を引く旨さの決め手。
シンプルな具材で町中華気分をどうぞ。

材料（1人分）

長ねぎ……1/4本

A
- 豚ひき肉……50g
- みそ……小さじ2
- しょうゆ……小さじ1
- にんにく……1/2片（すりおろしでも可）

植物油……大さじ1
温かいごはん……茶碗1杯分
卵……1個

作り方

1 ねぎ、Aのにんにくはみじん切りにする。

2 フライパンにAを入れて混ぜてから油を加え、強火で炒める。

3 豚肉に火が通ったらごはんを加えて中火で炒め、フライパンの端に寄せる。空いた場所に卵を加えて卵を潰しながらさっと混ぜ合わせてから、全体を混ぜ炒める。火を止めてからねぎを加え混ぜたらできあがり。

おすすめ

色の濃いみそを使うなら大さじ1にして、しょうゆはなしでもOK! お好みでこしょうを振るのも良しです。
仕上げに千切りのしそをのせれば、和風に。

材料（1人分）

にんじん……¼本
塩……少々
パクチー……½束
（春菊、バジル、三つ葉、しそでも可）
植物油……大さじ2
卵……1個
A
鶏ひき肉……100g
みそ……大さじ1 ＊濃い色のみそは小さじ2
ナンプラー……小さじ2
にんにく……½片（すりおろしでも可）
小口切り唐辛子（お好みで）……½本分
ナンプラー……小さじ1
温かいごはん……茶碗1杯分
レモン汁……¼個分（酢大さじ1でも可）

作り方

1 にんじんは千切りにして軽く塩を振り、しんなりさせておく。パクチーは茎を1cm、葉を3cm幅に切る。

2 目玉焼きを作る。フライパンに油を入れて中火で熱し、卵を加えて端がカリッとするまで焼いたら別皿に移しておく。

3 **2**のフライパンの油をキッチンペーパーで軽く拭き取り、**A**を入れて混ぜてから強火で炒める。ひき肉に火が通ったらパクチーの茎を加え混ぜ合わせ、ナンプラーを加えて混ぜて火を止める。

4 器にごはんを盛り、**3**と目玉焼きをのせる。パクチーの葉、ぎゅっと水気を絞った**1**のにんじんを添え、レモン汁をかけていただく。

みそガパオライス
みそはエスニック料理とも仲良し。
ナンプラーの旨みに、みそがさり気なく
コクをプラスしてくれます。
おすすめ
砕いたピーナッツをかけるとより本格的に！

みそラグマン

ラグマンは中央アジアシルクロードの麺料理。
トマトの酸味をみそがまろやかにまとめます。

コレもおいしい！

牛こま切れ肉→**ラム肉**（100g）

材料（1人分）

トマト……中2個
（トマトジュース200ccでも可）
パプリカ……½個（ピーマン2個でも可）
玉ねぎ……¼個
にんにく……1片（しょうがでも可）
植物油……大さじ1
A 混ぜておく
みそ……大さじ1と⅓
水……大さじ1
水……300cc
牛こま切れ肉……100g
ゆでうどん……1袋
しそ……3枚
（ディル、万能ねぎ、パクチーでも可）

作り方

1 トマトは2cmの角切り、パプリカと玉ねぎは1cm幅に、にんにくはみじん切りにする。

2 フライパンに油、にんにくを入れて熱し、香りが出たら玉ねぎ、パプリカを加えて強火で炒める。火が通ったらAを加えて混ぜながら炒め、水と牛肉を加えて煮る。アクが出たら取り除き、トマトを加える。

3 沸騰したらうどんを加える。器に盛り、ちぎったしそを散らす。お好みで豆板醤を入れていただく。

おすすめ

クミンシードやカレー粉を入れると本場のスパイシーさが出ます。トマトと肉をベースに、なすや大根などそのときある野菜を入れてどうぞ。

鹹《シエン》豆《トウ》漿《ジャン》素麺

台湾の豆乳スープを冷たい麺料理にアレンジ。みその旨みが豆乳のまろみを際立たせます。冬は温麺でどうぞ。

材料（1人分）

万能ねぎ……適量
みそ……大さじ1
豆乳……200cc
素麺……2束（100g）
炒りごま……適量
ラー油……適量

*コクのある無調整豆乳がおすすめです。

おすすめ

黒酢や酢を入れるとさっぱりとした味わいに！

作り方

1 ねぎは小口切りにする。盛り付ける器に、みそ、豆乳大さじ3を入れてみそを溶かしてから、残りの豆乳を加える。

2 素麺は表示時間通りにゆで、流水で締めたら水気をよく切って1の器に盛る。ねぎをのせ、炒りごまを振って、仕上げにラー油を回しかける。

みそース焼きそば

ソース焼きそばのジャンクな旨さにみそをプラス。みそ+ソースで口福感がアップします。

材料（1人分）

豚バラ肉（スライス）……50g
キャベツ……100g
植物油……大さじ1
焼きそばの麺……1袋
A 混ぜておく
　みそ……小さじ2
　中濃ソース……小さじ2
　水……小さじ2
紅しょうが……適量
青のり……適量

作り方

1 豚肉、キャベツは食べやすい大きさに切る。

2 フライパンに油、豚肉を入れて強火で炒め、豚肉に火が通ったらキャベツを加えて軽く炒め、ほぐした麺を加えて混ぜる。

3 Aを加えて混ぜる。仕上げに紅しょうがを添え、青のりをかける。

*麺が硬いときは、600Wのレンジで50秒加熱するとほぐしやすくなります。

おすすめ

みそを大さじ1に増やすとビールと合わせたいガツン！とした仕上がりに。

2章

素材を生かす みその副菜

野菜×みそでサラダやおひたし、
肉×みそで中華惣菜、
魚×みそで洋風おつまみなど、
素材を引き立てるみその副菜です。

みそコールスロー＆みそポテトサラダ

みんな大好きマヨネーズを使う定番サラダ。
みそを加えるとマヨネーズの酸味が抑えられてまろやかな味わいに。

みそコールスロー

材料（1〜2人分）

キャベツ……¼個分（200g）

＊にんじんを使わずキャベツ（250g）でも可

にんじん……¼本（50g）

玉ねぎ……¼個

塩……小さじ¼

みそ……大さじ1

マヨネーズ……大さじ2

＊濃い色のみそを使う場合はお好みで砂糖を小さじ¼入れるのがおすすめです。

おすすめ

コーンを入れると彩りが豊かに、歯応えも楽しめます。

作り方

1 キャベツ、にんじんは千切り、玉ねぎは薄切りにしてボウルに入れ、塩を振り混ぜて10〜20分ほどおいておく。しんなりしたら手でぎゅっと水気を切り、保存袋に入れる。

2 みそ、マヨネーズを加えて揉み混ぜ、空気を抜いて口をしばる。20分以上なじませたらできあがり。

みそポテトサラダ

材料（2人分）

じゃがいも（中）……2個（約260g）

玉ねぎ……⅙個

A 混ぜておく

マヨネーズ……大さじ1

みそ……大さじ1

植物油……小さじ2

炒りごま……適量

おすすめ

きゅうりの塩もみやハムを混ぜるなど、お好みでアレンジしてみてくださいね。

作り方

1 じゃがいもは皮をむいて¼にカットし、耐熱容器に入れて600Wの電子レンジで4分加熱する。加熱している間に、玉ねぎをみじん切りにする。

2 1のじゃがいもの加熱が終わったら、熱いうちに耐熱容器に玉ねぎ、Aを加える。めん棒やフォークで、混ぜながらじゃがいもを好みの加減に潰したらできあがり。器に盛り、仕上げに炒りごまをかける。

レモンきゅうりみそサラダ

きゅうりのシャキシャキした歯ごたえが楽しい一品。
トマトとレモンのさわやかな酸味を
みその甘さがまろやかにまとめてくれます。

材料（2人分）

きゅうり……1本（100g）
塩……2つまみ
トマト（中）……1個（150g）

A

- 玉ねぎ……1/4個
- レモン汁……1/2個分（大さじ1と1/2）
- みそ……大さじ1
- 植物油……大さじ1

*レモン汁の代わりに同量の酢と砂糖小さじ1/2でも可。

作り方

1 きゅうりは縦4等分にカットしてから2cm幅に切る。塩を振って水気が出たら手でぎゅっと絞っておく。トマトは2cm角に切り、Aの玉ねぎはみじん切りにする。

2 ボウルにAを入れてよく混ぜてから、1を加えて混ぜる。

おすすめ

ゆでた押し麦と混ぜるとクスクスのようになり、食べ応えがアップします。
ディルなどハーブを入れて香り豊かに仕上げても。炒りくるみを入れると香ばしい風味も楽しめます。

みそナムル&おひたし

同じ具材を違う調味料で、和風にも、韓国風にも。
みそとごまの風味で野菜の味が濃く感じられます。

材料（1〜2人分）

ほうれん草……1束
にんじん……1/4本（なくても可）

A ナムル用（写真左）
- みそ……大さじ1と1/2
- ごま油……大さじ3
- 炒りごま……大さじ1

B おひたし用（写真右）
- みそ……大さじ1と1/2
- みりん……大さじ1
- すりごま……大さじ1

＊濃い色のみそは、きび砂糖小さじ1/2を足します。みりんのアルコールが気になる場合は、水大さじ1と合わせて600Wのレンジで30秒加熱します。

作り方

1. ほうれん草は6cmの長さに切り、葉と茎をざっくり分けておく。にんじんは千切りにする。
2. 鍋にお湯を沸かし、にんじんから入れて再度沸騰させ、20秒ほどしたらほうれん草の茎を加える。さらに葉も加えて、30〜40秒ゆでたらザルにあげ、流水で粗熱を取ってから手でぎゅっと絞り、水気を切る。
3. 2をAかBで和えたらできあがり。

みそ漬物

発酵食品のみそに野菜を漬けるだけ。
みその種類によって味わいも異なります。
好みのみそと野菜の組み合わせを見つけるのも楽しそう。

材料（作りやすい分量）

大根……10cmほど
にんじん……1本
しそ……適量
みそ……大さじ4ほど

作り方

1 大根は縦4等分にカットし、1日天日干しして表面を乾燥させる（水分が多い野菜は天日干しする）。にんじんは皮をむき、縦4等分にカットする。

2 保存袋に野菜とみそを入れ、空気を抜いて漬ける（硬めのみその場合は、野菜の水分が出てみそがやわらかくなってからなじませる）。しそは葉と葉の間にみそを伸ばして漬ける。冷蔵庫で2～3日間漬けたらできあがり。食べやすい大きさに切っていただく。

おすすめ

しそはおにぎりに巻いても。漬け終わったみそは、みそ汁などに活用しましょう！

みそカポナータ

イタリアンでもみそを添えるとごはんにもぴったりの味わいに。
大根やかぶ、ごぼうなど、和食によく使われる野菜でも、
季節の野菜でも、みそがうまくまとめてくれますよ。

材料（2人分）

玉ねぎ……½個
にんにく……1片
パプリカ……1個
なす……1本（150g）
トマト（大）……1個
（トマト缶¼でも可）
植物油……大さじ2と½
A 混ぜておく
みそ……大さじ1と½
塩……小さじ¼
水……大さじ1と½
酢……大さじ1と½

作り方

1 玉ねぎは5mm幅に、にんにくはみじん切り、パプリカは縦半分に切って種を除いて1cm幅に切り、なすは縦半分に切って3cm幅に切る（なすをすぐ炒めないときは、水にさらしておく）。トマトは2cm角に切る。

2 フライパンに油、にんにくを入れて強火で加熱し、香りが立ったら玉ねぎ、なす、パプリカを加えて炒める。

3 玉ねぎに火が通ったらAを加えて混ぜ炒め、酢とトマトを加えてなすに火が通るまで炒める。

おすすめ

野菜はピーマン、ズッキーニなど、お好みで。そのほか、オリーブの実やローズマリーなどのハーブで香りつけするのもおすすめです。

みそオムレツ＆みそ漬け卵＆ウフマヨ

みそ×卵も相性抜群！
溶き卵、生卵、ゆで卵……。
どんな姿の卵にも合わせる
みその底力。
みそが卵の魅力をグッと
引き立たせてくれます。

みそオムレツ

みそ漬け卵

ウフマヨ

みそオムレツ

材料（1人分）

A 混ぜておく
- みそ……小さじ1
- 水……小さじ1

みりん……大さじ1
卵……1個
植物油……小さじ1

おすすめ

スクランブルエッグや厚焼き卵など、好みの焼き方でお作りくださいね。チーズを入れても！

作り方

1 ボウルにAとみりんを入れ、混ぜる（しっかり溶かさなくてもOK）。卵を割り入れてさらに混ぜる。

2 フライパンに油を入れて熱し、1を流し入れ、好みの仕上がりに焼いたらできあがり。

みそ漬け卵

材料（1人分）

みそ……大さじ1
新鮮な卵黄……1個
*みそが伸ばしづらいときは小さじ1〜2のみりんを混ぜます。

おすすめ

たくさん作りたいとき、卵黄にみそがつかないよう仕上げたいときは、保存容器にみそを広げて作ります。広げたみそにくぼみを作り、小さく切った布巾をのせ、その上に卵黄をのせます。

作り方

1 お猪口など小さな器にみそを入れ、中央をくぼませて卵黄を入れる（卵黄が¼ほど顔を出していても水分が抜けて沈むので大丈夫です）。冷蔵庫で1〜2日間漬けたらできあがり。卵黄をそっと取り出していただく。

ウフマヨ

材料（1人分）

半熟ゆで卵……1個

A 混ぜておく
- マヨネーズ……大さじ1
- みそ……小さじ1 *濃い色のみそは小さじ⅓
- 無糖ヨーグルト（加糖でも可）……大さじ1

ディル（あれば）……適量

作り方

1 ゆで卵にAをかけて（あればディルをのせて）いただく。

おすすめ

ポーチドエッグにして、ゆでたアスパラにのせてもおいしいです。

納豆みそ&みそやっこ&まめみそ

混ぜるだけ、のせるだけのみそ×まめメニュー。
みそも元は大豆、合わないわけがないのです。

納豆みそ

材料（1人分）

納豆……1パック（50g）
みそ……小さじ2
オクラ（あれば）……1本分

作り方

1 納豆とみそを混ぜたら器に盛り、輪切りにしたオクラをのせる。

まめみそ

材料（1人分）

水煮大豆……100g
みそ……小さじ2
白ねぎ……適量（万能ねぎでも可）
からし……適量（好みで）

作り方

1 大豆とみそを混ぜて器に盛り、輪切りにしたねぎをのせてからしを添える。

みそやっこ

材料（1人分）

しょうが……スライス1枚分（すりおろしでも可）
万能ねぎ……山盛り大さじ1（長ねぎ4cmでも可）
A 混ぜておく
　みそ……小さじ2
　けずりぶし（あれば）……ひとつまみ
豆腐……¼丁

作り方

1 しょうがは千切りに、ねぎは小口切りにしてAと混ぜる。豆腐にのせていただく。

豆腐みそナゲット

食感も味わいもふんわり。
にんじんの歯応えがアクセント。

材料（1人分）

木綿豆腐……1丁（370g）
にんじん……1/4本（50g）
卵……1個
片栗粉……大さじ2
みそ……大さじ1

おすすめ

2でカレー粉（小さじ2）を加えてスパイシーにしても。

作り方

1 豆腐はキッチンペーパーに包んで重しをし、冷蔵庫で半日ほどしっかり水切りする。にんじんはみじん切り、卵は溶いておく。

2 ボウルに1の豆腐を入れ、泡立て器でしっかり潰す。にんじん、片栗粉、半量の卵、みそを加え混ぜる。残りの卵は少しずつ加え、スプーンですくって跡が残る程度の硬さにする。

3 フライパンに深さ1cmほどの油（分量外）を入れて中火で加熱し、油が温まったら、2をスプーンですくい、もう1本のスプーンで押してフライパンに入れる。両面に揚げ色がついたらできあがり。

青《チン》椒《ジャオ》肉《ロー》絲《スー》春巻き

みそをまとった青椒肉絲を春巻きに。
シャキシャキピーマンの食感を楽しんで。

おすすめ

赤みそ（豆みそ）か八丁味噌がおすすめ。黒豆や大豆を発酵させた中華料理の調味料、豆豉（トウチ）のような深いコクが出ます。薄い色のみそならしょうゆ（小さじ1）を加えると良い。

材料（春巻き5本分）

豚バラ肉（スライス）……150g
ピーマン……4個

A 混ぜておく
- みそ……大さじ1
- みりん……大さじ1
- 植物油……大さじ½

B 混ぜておく
- 片栗粉……小さじ2
- 水……大さじ2

春巻きの皮……5枚

C ノリ用・混ぜておく
- 片栗粉……小さじ2
- 水……小さじ2

作り方

1 豚肉は1cm幅に切る。ピーマンは縦半分に切って種を除き、千切りにしてから5等分にしておく。

2 フライパンに豚肉、Aを入れて混ぜたら中火で炒める。火が通ったらBを加えて混ぜる。火を止めてしっかり冷まし、5等分にしておく。

3 春巻きの皮を広げて角を手前にし、中央より少し手前にピーマンをそろえてのせる。

4 ピーマンの上に2の豚肉をのせ、春巻きの皮の手前を具の上にかぶせ、空気を抜くようにひと巻きして左右も包み、皮の先にCをつけて留める。これを5個作る。

5 フライパンに深さ1cmほどの油（分量外）を入れて強めの中火で加熱し、春巻きが両面きつね色になるまで揚げたらできあがり。

材料（1人分）

豚ロース肉（スライス）……6枚

野菜……適量

（しめじ、大根、にんじん、ズッキーニなど）

みそ……小さじ¼×6

植物油……大さじ½

A 混ぜておく

みそ……大さじ1

みりん……大さじ1（ケチャップでも可）

水……50cc

作り方

1 野菜は豚肉で巻きやすい大きさに切っておく。

2 豚肉を広げ、表面にみそ小さじ¼をチョンチョンと数カ所に分けて塗る。豚肉の端に野菜をのせて巻く。これを6個作る。

3 フライパンに油を入れて、2の肉の巻き終わりを下にして並べ、中火で加熱する。下面が焼けたら転がしてもう片面も焼く。

4 キッチンペーパーでさっとフライパンの油を拭き取り、焦げないように一度弱火にしてからAを加えて強火にし、肉巻きに絡めながら水分を飛ばしたらできあがり。

みそ肉巻き野菜

みそは肉にチョンチョンとつけるだけ。
巻き焼きなので、ふわっとみその風味が感じられます。
ごはんにも、おつまみにもぴったりの一品です。

豚の黒ごまみそソース

黒ごま+みそで香ばしくコクのあるソースに。
豚肉の甘みとよく合います。

材料（2人分）

豚バラ肉……160g
玉ねぎ……½個
植物油……大さじ1と½

A 混ぜておく

- すり黒ごま……大さじ2
- みそ……大さじ1と½
- しょうゆ……大さじ½
- みりん……大さじ1
- 水……大さじ2

すり黒ごま……大さじ2
しそ（あれば）……5枚

作り方

1 豚肉は5cmの長さに切り、玉ねぎは1cm幅に切る。

2 フライパンに油、玉ねぎを入れて強火で炒め、途中で豚肉を加えて火が通ったらAを加え、混ぜ炒めたら火を止める。仕上げにすりごまを加えて混ぜたらできあがり。器に盛り付け、ちぎったしそを散らしていただく。

おすすめ

豚バラ肉をラム肉（160g）にし、2でクミンシード（小さじ1）を加えて炒めると、異国情緒あふれる一品に。

みそ呑みおつまみ

みそ焼売

みそとしょうゆの下味で食材の旨みが引き立ちます。
タレなどつけず、そのままどうぞ。

材料（13個分）

玉ねぎ……100g
片栗粉……大さじ1
豚ひき肉……150g
A 混ぜておく
　みそ……大さじ1と½
　しょうゆ……大さじ½
焼売の皮……13枚
もやし……1袋

おすすめ

Aに五香粉（小さじ1）を加えると風味豊かになります。
豚ひき肉を100gにして、みじん切りにしたレンコン（50g）を加えると歯応えの良い焼売に。

作り方

1 玉ねぎはみじん切りにしてボウルに入れて片栗粉をさっと混ぜ、豚肉を加えて混ぜる。ボウルの端にタネをひとにぎり分だけ寄せて、そこにAを加え混ぜてから、全体を混ぜる。

2 焼売の皮を手のひらにのせ、大さじ1ほどのタネをのせ、親指と人差し指で包むように軽く輪を作り円形状に形成する。タネの表面はスプーンの背で軽く押して平らにする。

3 フライパンにもやし、水100cc（分量外）を入れ、その上に焼売をのせて蓋をし、中火で加熱し湯気が出てきてから6分ほど蒸したらできあがり（蒸している途中で水分がなくなったら足す）。

＊写真のようにせいろで蒸しても。

みそ餃子

みそがニラと豚肉の旨みを際立たせてくれます。
そのままでも、お酢でも、ラー油でも、お好みで。

材料（約20個分）

ニラ……1束
豚ひき肉……200g
A 混ぜておく
　みそ……大さじ2
　日本酒……大さじ1
　（紹興酒でも）
　しょうゆ……大さじ½
片栗粉……大さじ1
餃子の皮……約20枚
植物油……大さじ1と½
お湯……100cc

コレでもおいしい！

豚ひき肉→**鶏ももひき肉**（200g）

作り方

1 ニラは1cmの長さに切る。豚肉をボウルに入れ、ひとにぎり分だけ端に寄せて、そこにAを加え混ぜてから、ニラ、片栗粉を加えて全体を混ぜる。

2 餃子の皮に1をのせ、皮の端に水をつけて包む。

3 フライパンに油を入れて中火で熱し、餃子を並べて強火にして1分ほど焼いたらお湯を加えて蓋をする。

4 水分が飛んだら蓋を開け、皮面がカリッとなるまで焼いたらできあがり。

みそ焼豚

お肉を「焼き＋煮＋余熱」でしっとり仕上げて、
熱いうちに漬け込むと、みそダレがしっかり染み込みます。

材料（3人分）

豚肩ロースブロック肉
……350g〜400g
塩……少々
植物油……大さじ1と½

A 混ぜておく

みそ……大さじ2
はちみつ……大さじ1と½
（きび砂糖大さじ1でも可）
にんにくスライス
……1個分（しょうがでも可）

おすすめ

Aに砕いた八角や五香粉を入れると、より本格的な中華料理店の味に仕上がります。白髪ねぎを添えていただくのもおすすめです。

作り方

1 豚肉は塩を振る。フライパンに油を入れて強火で熱し、豚肉の表面の色が変わるまで焼く。蓋をして火を止め、10分ほどおいておく。

2 1のフライパンに豚肉がかぶるくらいの水（分量外）を加えて（フライパンが浅いときは鍋に移し替える）中火で熱し、表面がゆらゆらしてきたら強めの弱火にする。沸騰しないようにしながら、途中で面を返して20分ほど煮たら蓋をして火を止め、10分おいておく。その間に耐熱のビニール袋にAを入れておく。

3 豚肉に串を刺して透明な肉汁が出てきたら、熱いうちに2の袋に入れて調味料となじませ、空気を抜いて口を閉じる。冷めてから冷蔵庫で半日以上漬け込んだらできあがり。

あまり野菜お揚げ焼き

油揚げの内側にみそを塗り、野菜を入れて焼くだけ。
野菜の食感とお揚げのサクサクが楽しい一品です。

材料（2人分）

油揚げ（長方形のもの）……2枚
大根、にんじん、ズッキーニ……適量
（そのほか、生食可能な野菜でも）
みそ……小さじ4
コチュジャン（あれば）……小さじ2

おすすめ

コチュジャンの代わりにケチャップや豆板醤などで、アレンジしても。

作り方

1 油揚げを半分に切り、口を開ける。野菜は油揚げに入るようにひと口大の薄切りにする。

2 油揚げの内側の片面にみそ（小さじ1）、あればコチュジャン（小さじ½）をそれぞれ塗る（部分的に塗れていればOK）。そこに野菜を詰める。

3 フライパンに**2**を並べ、中火で両面に香ばしい焼き色がつくまで焼く。

カルパッチョみそ＆みそなめろう

白身魚や青魚の刺身をみそで味わいます。白ワインや日本酒と一緒に楽しんで。

材料（2人分）

刺身……10切
（鯛やアジなどがおすすめ）

A　カルパッチョ用

- 玉ねぎ（みじん切りにする）……¼個
- レモン汁……大さじ1（約¼個分）
- みそ……小さじ2
- オリーブオイル……大さじ½

＊濃い色のみそは、きび砂糖小さじ½を足します。

B　なめろう用

- みそ……大さじ1
- しょうが（みじん切りにする）……½片（大さじ1/2分）
- しそ……2枚
- 白ねぎ（みじん切りにする）……5cm
- 炒りごま……適量

作り方

1　刺身は食べやすいようカットし、AかBを混ぜたらできあがり。

おすすめ

Aにディルやしそなどを加えて香り豊かに仕上げても。なめろうは、しそで挟んでフライパンで両面焼くと千葉の郷土料理「さんが焼き」に。

タラとトマトのオイル煮

みそとオイルの相性が際立つおつまみです。ワインのお供に、バゲットを添えたり、ごはんやパスタにかけても。

材料（1人分）

にんにく……1片
ミニトマト……10個
A 混ぜておく
　みそ……大さじ1
　しょうゆ……大さじ1
　植物油……80cc
タラ……2切
（三枚おろしの鰯4枚でも可）

「みそ呑みおつまみ」で紹介している料理は、P122～123「みそとお酒の相性MAP」にて、お酒との相性を紹介しています。

作り方

1 にんにくは薄切りに、ミニトマトはヘタを取って半分に切る。

2 フライパンにAを入れて混ぜ、にんにくを加えて中火で加熱する。ふつふつしてきたら油の飛び跳ねに注意しながら1分ほど加熱してからタラとトマトを加えて煮込む。

3 ふつふつしたら弱火にし、タラを返してしっかり火が通るまで煮込んだらできあがり。

3章

ごはんがすすむ みその メインおかず

はらぺこでしっかり食べたいときにぴったりな
肉や魚の揚げ物や炒め物、
ビールにも合う中華料理やエスニック料理など、
ごはんがすすむおかずが満載です。

鶏《けい》ちゃん唐揚げ

みそ味の鶏肉を野菜と炒める岐阜県のソウルフード「鶏ちゃん」を唐揚げに。
みその深い味わいとにんにくの香りがたまりません。

材料（2人分）

鶏むね肉……1枚（300g）
みりん……大さじ3
A 混ぜておく
　みそ……大さじ1と½
　しょうゆ……小さじ½
　すりおろしにんにく……1片分
にんじん……½本
片栗粉……大さじ7

作り方

1 鶏肉は縦3分割に切り、小さめのひと口サイズにそぎ切りにしてボウルに入れ、みりんを加えて水分がなくなるまでよく揉み込む。さらにAを加えて揉み込み、10分ほどおく。にんじんは皮をむかず1cm幅の輪切りにする。

2 1の鶏肉に片栗粉大さじ3をよく混ぜたら、残りの片栗粉をさっとまぶす。

3 フライパンに深さ1cmほどの油（分量外）を入れて中火で熱して鶏肉を入れ、空いている場所ににんじんを入れる。片面に揚げ色がついたら裏返し、4分を目安に色がつくまで揚げたらできあがり。

*にんじんがフライパンに入りきらないときは、唐揚げを引き上げてから揚げます。

コレもおいしい！

鶏むね肉→**鶏もも肉**（1枚）

おすすめ

1でみりんを揉み込んだ鶏肉を揚げずに、キャベツ、Aと炒めた「鶏ちゃん」にしても。

みそしょうが焼き

しょうが焼きはしょうゆにみそを加えると
よりコクのある仕上がりになります。
タレがかかったキャベツもごちそうですね。

材料（2人分）

豚バラ肉（スライス）……200g
片栗粉……小さじ2
玉ねぎ……$\frac{1}{2}$個
しょうが……1片
キャベツ……適量
植物油……大さじ1と$\frac{1}{2}$

A 混ぜておく
みそ……大さじ2
みりん……50cc
しょうゆ……小さじ2

作り方

1 豚肉は10cmの長さに切り、片栗粉をざっくりまぶす。玉ねぎは5mm幅に切り、しょうがは太めの千切り、キャベツは千切りにして器に盛り付けておく。

2 フライパンに油、しょうがの半量を入れ中火で加熱し、じわじわしてきたら玉ねぎ、豚肉を加えて強火で炒める。豚肉に火が通ったら、残りのしょうが、**A**を加え混ぜる。

3 水分を飛ばしたら熱いうちに**1**のキャベツの上に盛り付けてできあがり。

コレもおいしい！

豚バラ肉（スライス）→**豚ロース肉**（200g）

手羽先みそビネガー煮

お酢で柔らかく煮たお肉に、
みそのソースでコクを、ハーブで香りをプラス。
おもてなしの一品にもどうぞ。

材料（2人分）

手羽先……6本
玉ねぎ……½個
にんにく……1片
植物油……大さじ1

A 混ぜておく

酢……100cc
水……150cc
みそ……大さじ1
塩……2つまみ
みりん……大さじ3
砂糖……小さじ1

ハーブ（あれば）……1～2本

＊オレガノ、タイム、ローズマリーのいずれか

作り方

1 手羽先に塩少々（分量外）を振っておく。玉ねぎは1cm幅に切り、にんにくは包丁の背などで潰して皮をむく。

2 フライパンに油、にんにく、手羽先は皮面を下に並べて入れて中火で焼く。皮面に焼き色がついたら、玉ねぎを加えて混ぜ炒める。にんにくが焦げそうなときは一度取り出す。

3 Aと、あればハーブを加え、にんにくを戻して強火で水気がほとんどなくなるまで煮詰めたらできあがり。

コレもおいしい！

にんにく→**しょうが**（1片）

ブリみそ煮

煮魚は短時間でおいしく仕上がります。
しょうがを添えれば正統派の和食に、
黒こしょうを振れば洋風に。

材料（2人分）

ブリ……2切れ（サバでも）
片栗粉……小さじ2（米粉でも可）
しょうが……½片
（もしくは粗びき黒こしょう……少々）

A 混ぜておく

- みそ……大さじ1と½
- しょうゆ……小さじ1
- みりん……大さじ2
- 日本酒……大さじ2
- 水……50cc

作り方

1 ブリは片栗粉をまぶし、しょうがは千切りにする。

2 フライパンにA、ブリを入れて強火で熱し、途中で裏返して水分を飛ばしながら火を通す。器に盛り付け、仕上げにしょうがをのせるか、こしょうを振ったらできあがり。

材料（2人分）

ゴーヤ……1本（250g）

A 混ぜておく
- 日本酒……大さじ1
- 塩……ひとつまみ

木綿豆腐……½丁

卵……1個

豚バラ肉（スライス）……100g

植物油……大さじ1

塩……小さじ¼

B 混ぜておく
- みそ……大さじ1と½
- 日本酒……大さじ1

けずりぶし（あれば）……2g

*濃い色のみそを使う場合は、みりん大さじ1を加えます。

作り方

1 ゴーヤは縦半分に切って中のわたをスプーンで除いてから2〜3mmの厚さに切る。ボウルにゴーヤ、Aを入れて混ぜておく。豆腐はキッチンペーパーで巻いて水気を切る。卵は溶いておく。豚肉は6cmの長さに切る。

2 フライパンに油を入れて、塩を軽く振った豚肉を並べたら中火で熱し、動かさずに片面に焼き色がつくまで焼く。

3 水気を切ったゴーヤを加え、強火にして混ぜ炒める。Bを加えて混ぜ、豆腐をちぎりながら加えて混ぜる。

4 具をフライパンの中央に寄せ、周りに溶き卵を流し入れる。ヘラで大きく卵を混ぜて半熟に仕上げたら火を止めてから全体を混ぜる。仕上げにけずりぶしをかけたらできあがり。

ゴーヤチャンプルー
カリッと焼いた豚肉とみそで、
香ばしさ引き立つ仕上がりに。

ハニーマスタードポークソテー

はちみつのやさしい甘さと、マスタードのさわやかな酸味に、
みそのコクが加わると、お肉の旨みが引き立ちます。
ソースはフライドポテトやとんかつ、ソーセージにもよく合います。

材料（1人分）

ズッキーニ……$\frac{1}{2}$本
植物油……大さじ1
とんかつ用豚ロース肉……1枚
（しょうが焼き用4枚でも可）

ソース　混ぜておく

みそ……大さじ1
粒マスタード……小さじ2
はちみつ……小さじ2

＊濃い色のみそを使う場合は、はちみつを大さじ1にします。

作り方

1 ズッキーニは1cm幅の輪切りにする。

2 フライパンに油を入れて中火で熱し、豚肉を入れて片面が焼けたら裏返す。ズッキーニを加え、豚肉に火が通るまで焼いたら器に盛り、ソースをかける。

コレもおいしい！

豚ロース肉→**鶏もも肉**（1枚）

サバみそコロッケ（マッシュポテト）

サバの水煮缶はみそとも好相性。
ほくほくのじゃがいもにみそのコクとサバの旨み、
こしょうがピリリと効いて箸がすすむ味わいに。

材料（3〜4人分）

じゃがいも（小）……4個（約400g）
玉ねぎ……1/4個
水……大さじ2
植物油……大さじ1
A 混ぜておく
みそ……大さじ2 ＊濃い色のみそは大さじ1と2/3
水……大さじ2
サバ水煮缶……1缶（150g）
粗びきこしょう……少々
B 混ぜておく
薄力粉……80g
水……120cc
パン粉……40g

作り方

1 じゃがいもは皮をむいて4等分に切り、玉ねぎはみじん切りにする。

2 耐熱容器にじゃがいも、水を入れて600Wのレンジで6分加熱し、めん棒かフォークで潰す。

3 フライパンに油を入れて中火で熱し、玉ねぎを炒めたら**A**を加えて混ぜる。汁を切ったサバ缶と**2**のじゃがいもを加えてサバを崩しながら混ぜたら火を止め、粗びきこしょうをかけて混ぜる。

4 **3**が冷めたら8〜12個に分けて丸めて、**B**をつけてからパン粉をつける。フライパンに深さ2cmほどの油（分量外）を入れて熱し、コロッケを加えて転がしながら揚げ色をつけたらできあがり。

おすすめ

3のタネはそのままマッシュポテトとしていただくのもおすすめです。コロッケを半量にすれば、同時に2品できあがります。

かんたんサルシッチャ

手で丸めて作るサルシッチャです。
にんにくのパンチにみそが好相性。
パンに挟んでホットドッグにするのもおすすめ。

材料（2〜3人分）

パセリ……10g
にんにく……1片（すりおろしでも）

A 混ぜておく

- 豚ひき肉……200g
- みそ……大さじ2
- 片栗粉……大さじ2
- 塩……ひとつまみ
- 粗びきこしょう……少々

植物油……大さじ½
水……80cc

作り方

1 パセリ、にんにくはみじん切りにする。ボウルにパセリ、にんにく、Aを入れて手でこね、6等分にしたらひとつずつ両手で挟んで転がし、ソーセージの形に成形する。

2 フライパンに油を入れて1を並べ、中火で熱する。たまに転がしながら、表面全体に焼き色をつける。水を加えて強火にし、水分を飛ばしながら火が通るまで蒸し焼きしたらできあがり。

おすすめ

パセリの代わりにお好みのハーブを使って風味を楽しんだり、こしょうを適量入れるとスパイシーな仕上がりになります。

チキンミートボール

鶏肉を使ったもっちりしたミートボールです。
みそとケチャップで甘めの仕上がり。

材料（2人分・10個分）

ピーマン（あれば）……2個
玉ねぎ……½個
植物油……大さじ2

A 混ぜておく

鶏ももひき肉……200g
塩……少々
片栗粉……大さじ1と½

水……150cc

B 混ぜておく

ケチャップ……大さじ2
みそ……大さじ2
酢……大さじ3
水……50cc

*濃い色のみそを使う場合は、砂糖小さじ½を加えます。

作り方

1 ピーマンは小さめの乱切りにし、玉ねぎはみじん切りにする。

2 フライパンに油を入れて中火で熱し、ピーマンをさっと炒めて取り出し、器に盛り付けておく。

3 ボウルに**1**の玉ねぎ、**A**を入れて手で混ぜ、10個のミートボールに丸めながら、**2**のフライパンに並べて中火で加熱する。ミートボールの下面に焼き色がつくまで触らないようにし、焼き色がついたらたまに転がしながら、全体に焼き色をつけるイメージで焼いていく。

4 水を加えたら蓋をして強火にし、たまに転がしながら蒸し焼きにする。水分が飛んだら蓋を開け、**B**を加えて混ぜながらさらに水分を飛ばす。**2**の器に盛り付けたらできあがり。

トマトみそ煮込みハンバーグ

長い時間煮込まなくても、みそのおかげで深い味わいに。
お肉にもみそを入れるので味がまとまります。

材料（2人分）

A　混ぜておく

- 合いびき肉……150g（豚ひき肉でも可）
- 玉ねぎ……½個
- ウスターソース……大さじ2
- みそ……大さじ1
- 片栗粉……大さじ1と½（小麦粉でも可）
- 粗びきこしょう……少々

いんげん（あれば）……10本

植物油……大さじ1

ソース

- みそ……大さじ1（大さじ1の水と混ぜる）
- ケチャップ……大さじ1
- カットトマト缶……½缶（トマトジュース200ccでも可）
- 玉ねぎ……½個（なくても可）
- 水……100cc

作り方

1. Aの玉ねぎはみじん切りにし、ソース用の玉ねぎは1cm幅に切る。Aをボウルに入れて手でこね、2等分にしたら俵形に成形する。いんげんは半分の長さに切る。
2. フライパンに油を入れてハンバーグを並べたら、中火で加熱する。焼き色がついたら裏返し、ソースの玉ねぎも加えて火を通す。
3. ハンバーグの両面に焼き色がついたらソースの残りの材料、いんげんを加える。ときどきハンバーグを裏返しながら強火で水分が飛ぶまで煮込んだらできあがり。

おすすめ

仕上げにチーズをのせたり、季節の材料を加えたり、アレンジしてみてくださいね。

えびきのこグラタン

すりおろしたじゃがいもでとろみをつけます。
ごはんに合うので、ドリアにするのもおすすめです。

材料（2人分）

玉ねぎ……½個
しめじ……1パック
じゃがいも（小）
……1個（100g）
植物油……大さじ1と½
A 混ぜておく
みそ……大さじ2
水……大さじ2
しょうゆ……大さじ½
牛乳……200cc（豆乳でも可）
むきえび（小）
……10尾（100g）
こしょう……適量
ピザ用チーズ……30g

作り方

1 玉ねぎは薄切りに、しめじは石づきを除いてほぐしておく。じゃがいもは皮ごとすりおろしておく。
＊すりおろすと変色しやすいので早めに使用します。

2 フライパンに油、玉ねぎを入れて中火で熱し、玉ねぎに火が通るまで炒める。しめじを加え炒め、Aを加えて混ぜ炒めたら牛乳とえびを加えて煮込む。

3 じゃがいもを加えて混ぜ、とろみがついたらこしょうを振って混ぜる。耐熱容器に盛り付け、上にチーズをのせる。

4 トースターに入れて焼き目がつくまで焼いたらできあがり。
＊オーブンなら250℃で10分ほど焼き色がつくまで焼きます。

コレもおいしい!

むきえび→**ベーコン**（2枚）・**鶏もも肉**（100g）
しめじ→**マッシュルーム**（1パック）

タンドリーチキン

みそで漬け込むと窯で焼いたような香ばしさに。
鶏の油と旨みが染み込んだキャベツも格別です。

コレもおいしい！

鶏もも肉→**鶏むね肉**（1枚）

材料（2人分）

鶏もも肉……1枚

A 混ぜておく

- みそ……大さじ1
- ケチャップ……大さじ1
- ヨーグルト……大さじ3
- カレー粉……大さじ1と1/3
- 塩……小さじ1/4

キャベツ……100g

植物油……大さじ1

水……100cc

おすすめ

Aにクミンシードやガラムマサラを入れるとより本格的なインド料理の味に仕上がります。

作り方

1 鶏肉の肉の厚みがある箇所には包丁で1cmほどの切り目を入れる。ボウルに入れ、**A**を加えて混ぜたら20分ほど常温で漬けておく。キャベツはひと口サイズに切る。

2 フライパンに油を入れ、鶏肉の皮面を下にして中火で熱し、ときどきヘラで鶏肉をフライパンに押し付けながら4分ほど軽く色がつくまで焼く。一度裏返して、フライパンの油をキッチンペーパーで拭き取り、水を加えて蓋をして5分ほど蒸し焼きにする。

3 キャベツと**2**のボウルのタレをすべて加えて蓋をし、5分ほど蒸し焼きにしてから蓋を開け、キャベツだけ取り出して器に盛り付ける。鶏肉は再度裏返し、強火にして焦げないように注意しながら水分が飛ぶまで焼いたらできあがり。

＊最後に水分を飛ばすときに、植物油小さじ2（分量外）を入れるとより香ばしく仕上がります。

みそ麻婆豆腐

中華料理で使われる調味料「甜麺醤《テンメンジャン》」の代わりに
色の濃いみそを使うことで
本格的な味わいに仕上がります。

材料（2人分）

豆腐……1丁（300g）
長ねぎ……½本（青ねぎ2本でも可）

A
豚ひき肉……100g
にんにく……1片
みそ……大さじ1と½
植物油……大さじ1

B 混ぜておく
水……150cc
片栗粉……大さじ1
日本酒……大さじ1（なくても可）
しょうゆ……小さじ1
豆板醤……小さじ1〜小さじ2（好みで調整）

作り方

1 豆腐は3cm角の角切りに、ねぎ、Aのにんにくはみじん切りにする（にんにくはすりおろしでも可）。

2 Aをフライパンに入れて混ぜてから強火にかけ、ひき肉にしっかり火が通るまで炒める。

3 豆腐とBを加えてとろみが出るまで混ぜ、仕上げにねぎを混ぜたらできあがり。

おすすめ

豆腐の代わりになす（1本・乱切り）を使うと麻婆なすに。なすが油を吸うので植物油は大さじ3にしましょう。

酢豚

ポイントは油と砂糖を、
しっかり炒めること。
みそとの相乗効果で
味の深みが増します。

材料（2人分）

玉ねぎ……½個
にんにく……2片
豚ロースこま切れ肉……200g
酒……大さじ2
片栗粉……大さじ1と½
植物油……大さじ2
砂糖……大さじ1

A 混ぜておく

酢……大さじ2
みそ……大さじ1と½

おすすめ

酢を黒酢に、酒を紹興酒に替えるとより本格的な中華料理店の味になります。

作り方

1 玉ねぎは1cm幅に切り、にんにくはみじん切りにする。豚肉は酒を揉み込んで片栗粉を振っておく。

2 フライパンに油（大さじ1）とにんにくを入れて強火で熱し、じわじわしてきたら玉ねぎを加えて炒める。豚肉を加えて炒め、火が通ったら別に移しておく。

3 2のフライパンに残りの油と砂糖を入れて中火で熱し、砂糖の色が少し濃くなるまで炒める。飛び跳ねに注意しながらAを加え混ぜ、豚肉と玉ねぎを戻して全体を混ぜたらできあがり。

回《ホイ》鍋《コー》肉《ロー》

中華調味料を使わないレシピです。
ガツンと効いたにんにくの奥に
みそのコクと旨み。

材料（2人分）

豚バラ肉（スライス）
……180g
（豚ロース薄切り肉でも可）
キャベツ……150g（約1/6個）
植物油……大さじ1
水……大さじ3
A　混ぜておく
みそ……大さじ2
みりん……大さじ2
にんにく……1片
酢……大さじ1

作り方

1 豚肉は食べやすい大きさに、キャベツはひと口大に切り、Aのにんにくはすりおろす。

2 フライパンに油と豚肉を入れて中火で熱し、片面に焼き色をつけたら、フライパンを傾けてキッチンペーパーで油を拭き取り、キャベツを加えて強火で炒める。

3 水を加え水分を飛ばしながらキャベツに火を通す。Aを加えて絡め、酢を加えてさらに全体を混ぜたらできあがり。

もっと！みそ活用術②

万能！みその保存調味料

手作りのタレやドレッシングなどをご紹介。
一度作っておくと、日常料理もごちそうも、あっという間にできあがります。

あったまるみそ

いつもの食卓もキャンプでも「これさえあれば」のいち推しみそです。
肉や魚に、ごはんやパンに、みそ汁、スープ、バターを入れてみそラーメン、オイルと混ぜたらドレッシングに。

常温で約3日間・冷蔵庫で約2週間

材料（200g分）

玉ねぎ……½個（100g）
しょうが……20g（冬は多めにしても）
みそ……100g
はちみつ……大さじ1
（きび砂糖小さじ2でも可）
酢……大さじ1

作り方

1 玉ねぎとしょうがはざっくり切り、すべての調味料とミキサーにかけたらできあがり。

*ミキサーがないときは、玉ねぎをみじん切り、しょうがはすりおろし、すべての材料を混ぜ、食感を楽しむタレにしても。

おすすめ

みそを90g、しょうがを10gにして、梅干し（大）2個を入れて暑い日は軽やかに。

soup
みそシル、スープ。
バター入れてラーメンに。
bread
noodles
パンにぬって
麺(パスタ・うどん)に.
meat. fish. vegetables
お肉&魚&野菜ソテー
刺身にも。
salad
オイルとまぜ
ドレッシングに。
minokamo
あったまる
みそ
minokamo
あったまる
みそ

ぬたみそ

居酒屋の味を家でも楽しめる、手作りのぬたみそ。
ゆでたねぎ、刺身こんにゃく、
ホタルイカ、ホタテの刺身、ワカメなど
そのときある食材とどうぞ。

冷蔵庫で約3週間

材料（作りやすい分量）

濃い色のみその場合

みそ……大さじ3
酢……大さじ1と½
きび砂糖……大さじ3

＊みそが硬いときは水大さじ2を入れます。

薄い色のみその場合

薄いみそ……大さじ3
酢……大さじ1と½
きび砂糖……大さじ1（お好みで）

作り方

1 材料すべてを鍋に入れて中火で混ぜながら熱し、ふつふつしたら火を止めてできあがり。

田楽みそ

こっくりと甘い田楽みそと言えば、
定番の豆腐やこんにゃく、
揚げなすと相性はぴったり。
故郷岐阜の定食屋さんでは
とんかつではなく、鶏カツのタレで
登場することがあり、
これもまた美味なのです。

冷蔵庫で約3週間

材料（作りやすい分量）

みそ……大さじ3
きび砂糖……大さじ2
みりん……大さじ1

作り方

1 材料すべてを鍋に入れて中火で混ぜながら熱し、ふつふつしたら火を止めてできあがり。

肉みそ

鹿児島の郷土料理を
アレンジしました。
ごはん、うどん、きゅうり、
豆腐などと一緒にどうぞ。

冷蔵庫で約1週間

材料（作りやすい分量）

しょうが……1片
合いびき肉（豚・牛のみでも）……100g

A
- みそ……大さじ2
- きび砂糖……大さじ2
- 日本酒……大さじ2

作り方

1 しょうがはみじん切りにする。フライパンにひき肉を入れ、肉から油が出てくるまで強火でしっかり炒める。

2 一度火を止め、フライパンを傾けてAを加える。みそを混ぜたらしょうがの半量を加えて再度火をつけて強火で炒める。

3 水分が飛んだら残りのしょうがを加えて混ぜ、火を止めたらできあがり。

ごまニラみそダレ

ごまの香ばしさと
ニラの風味が、
食欲をそそります。
麺にかけて、
和え麺にしても
良いですね。

冷蔵庫で約4日間

おすすめ

にんにく、しょうがのみじん切り、唐辛子（炒りごまと一緒に火を通す）を入れても。

材料（約100g分）

ニラ……1束
炒りごま……20g
ごま油……50cc
みそ……小さじ2
しょうゆ……小さじ1

作り方

1 ニラは2cmの長さに切る。ごまは炒り直しておく。

2 鍋にごま油とみそを入れて溶かし混ぜ、しょうゆを加える。

3 中火で熱し、油の飛び跳ねに注意しながら混ぜる。油が温まったらニラと炒りごまを加えて混ぜる。全体に油が混ざったら火を止めてできあがり。

焼肉のりんごタレ

りんごの甘みとみその
コクがお肉によく合います。
翌日以降は
味に深みが出ますよ。

材料（100g分）

りんご（皮つき）……1/4個
にんにく……1/2片
みそ……大さじ3
みりん……大さじ3
日本酒……大さじ1
きび砂糖……小さじ1
こしょう……少々

作り方

1 りんご、にんにくをすりおろし、材料をすべて小鍋に入れる。中火にかけて表面がふつふつとしてきたらスプーンで30秒ほど混ぜ、火を止める。

焼肉のりんごタレ
冷蔵庫で約12日間

みそきのこオイル

玉ねぎをじっくり炒めた
甘みとえのきの風味が
合わさった、ごちそうオイル。
ごはんにかけるだけでも、
パスタや冷奴などにもどうぞ。

冷蔵庫で約6日間

材料（200g分）

玉ねぎ（小）
……1/2個（100g）
にんにく……1片
えのき……1袋（100g）
植物油……100cc
みそ
……大さじ1と1/2

作り方

1 玉ねぎ、にんにくはみじん切り、えのきは根元を切り落として1cmの長さに切る。みそが硬い場合は、同量の水で溶いておく。

2 フライパンに、油、にんにく、玉ねぎを入れ、中火で加熱する。にんにくの香りが出たら弱火にして約7分、玉ねぎがほんのり一部茶色になるまで加熱する。

3 みそを加え、約1分よく混ぜたら、えのきをほぐしながら加えて混ぜる。約2分加熱したら、火を止めてできあがり。

みそにんじんドレッシング

生野菜はもちろん、野菜のソテーや白身魚の刺身などにもどうぞ。

材料（作りやすい分量）

玉ねぎ……1/2個（100g）
にんじん……50g
酢……50cc
みそ……大さじ2と1/2
（濃い色のみそは大さじ2にする、
薄い色のみそはしょうゆ小さじ1を加える）
植物油……50cc

作り方

1 野菜はざっくりカットし、油以外の材料をフードプロセッサーに入れて撹拌する。

2 油を5回ほどに分けて少しずつ加えながら、撹拌を繰り返したらできあがり。

＊一日おくと、より味がなじみます。辛みが気になるときは、砂糖かはちみつ小さじ2を加えましょう。

玉ねぎダレ

玉ねぎのシャキシャキ感がたまらない万能なタレです。ゆで鶏やきゅうり、ごはんにかけても良し。

材料（200cc分）

玉ねぎ……1/2個（100g）
酢……30cc
オリーブオイル……30cc
みそ……30cc
＊濃い色のみそはきび砂糖を小さじ2にします。
きび砂糖……小さじ1

作り方

1 玉ねぎをみじん切りにし、すべての材料を混ぜたらできあがり。

＊玉ねぎの辛みが気になるときは、半日ほど常温でおいておくとまろやかになります。ミキサーにかければなめらかなソースに。

4章

コクが出る みその 鍋・スープ

みんなで囲みたい鍋、ほっとするポタージュ、
夏には冷や汁やトマトの冷たいスープ。
いろんな素材の入ったスープも、
みそが丸くまとめてくれます。

みそつくね鍋

みそを練り込んだ鶏つくねの旨みが出汁になります。
汁の旨みを吸ってくれるキャベツや豆腐などもおすすめです。

材料（2人分）

長ねぎ……1本

A

- 鶏ももひき肉……200g
- みそ……大さじ1
- 片栗粉……大さじ2

白菜……200g

水……700cc

春雨……50g

B 混ぜておく

- みりん……大さじ1
- しょうゆ……大さじ1と$\frac{2}{3}$
- 塩……小さじ$\frac{1}{4}$位

作り方

1 つくねのタネを作る。ねぎの半量をみじん切りにし、Aとともにボウルに入れて混ぜる。

2 ねぎの残りは斜め切りに、白菜は食べやすい大きさに切り、茎と葉を分けておく。

3 鍋に水を入れて加熱し、ふつふつしてきたら1のタネをスプーンですくい、もうひとつのスプーンでそっと鍋に入れる。白菜の茎を加え、アクが出たら取り除く。

4 春雨、白菜の葉、Bを加えて煮る。最後に残りのねぎを加えてさっと煮立てたら火を止めてできあがり。

おすすめ

仕上げに粗びきこしょうをかけるとポトフのような洋風の仕上がりになります。

みそチゲ

あさりやにぼしの出汁、ニラや豚肉などの具材の味、豆板醤の辛みをみそがまとめてくれます。

材料（2人分）

キャベツ……200g（約¼個、白菜でも可）
豚バラ肉（スライス）……100g
ニラ……1束
玉ねぎ（大）……½個（100g）
にぼし（小）……6尾
水……600cc
唐辛子……1本
あさり（小）……15個

A 混ぜておく
みそ……大さじ2
しょうゆ……小さじ2
豆板醤……小さじ½

*唐辛子と豆板醤の量は、好みで調整する

作り方

1 キャベツは6cm角に、豚肉とニラは5cmの長さに、玉ねぎは5mm幅に切る。にぼしは頭と腹わたを除いて手で細かくほぐし、鍋に水と一緒に入れる。唐辛子は種を取り除く。

2 1の鍋に、豚肉と玉ねぎを加えて強火で熱し、沸騰したらアクを取り除く。唐辛子とキャベツを加えて中火にして蓋をする。

3 野菜に火が通ったら、あさり、ニラ、Aを加える。あさりに火が通るまで煮込んだらできあがり。

コレもおいしい！

あさり→**牡蠣**（6粒）
豚バラ肉（スライス）→**油揚げ**（2枚）+**ごま油**（小さじ2）

夏野菜冷や汁

みそにけずりぶしなどの
魚の旨みを加えるだけ。
たっぷりの薬味と一緒にどうぞ。

材料（2人分）

きゅうり……1本
みょうが……1個
塩……ひとつまみ
みそ……大さじ1と½
水……300cc
豆腐……½丁
けずりぶし
……2つまみ（出汁粉でも可）
炒りごま……大さじ1

おすすめ

麦飯やごはんにかけてボリュームアップしたり、梅干しを入れてさっぱりと仕上げても。

作り方

1 きゅうり、みょうがは薄い輪切りにする。きゅうりはボウルに塩と入れて混ぜ、5分ほどおく。

2 鍋かボウルにみそを入れ、少しの水で溶いてから、残りの水を入れる（冷たくしたいときは、冷水にする）。豆腐をスプーンでひと口大にすくいながら加える。1のきゅうりを手でぎゅっと水分を絞って加えて混ぜる。

3 仕上げにみょうが、けずりぶし、炒りごまをかける。

豆ミネストローネ

トマトの酸味とみそも好相性。
夏は冷やしてタバスコをかけて、
メキシカンなチリビーンズとしても。

材料（2人分）

玉ねぎ……¼個
ベーコン……2枚
植物油……小さじ2
A　混ぜておく
　みそ……大さじ1と½
　水……大さじ1と½
トマトジュース……400cc
（カットトマト缶1缶と
水200ccでも可）
ミックスビーンズ……100g
塩……小さじ¼

作り方

1 玉ねぎはみじん切りにし、ベーコンは1cm角に切る。

2 鍋に油、玉ねぎ、ベーコンを入れて中火で炒め、火が通ったらAを加えて混ぜ、トマトジュース、ミックスビーンズを加えて煮込む。塩で味を調えたらできあがり。

コレもおいしい！

豆のほかにじゃがいもやにんじんの角切りを加えると野菜の旨みも加わって、ボリュームもアップします。

シュクメルリ

にんにくの香りが効いたジョージアの伝統料理。
みそと牛乳、さつまいもでコクと甘みのあるスープに。

材料（2人分）

鶏もも肉……1枚
にんにく……3片
玉ねぎ……½個
さつまいも（小）……1本（170g）（じゃがいもでも可）
植物油……大さじ1と½

A 混ぜておく
みそ……大さじ2
水……大さじ2

牛乳……500cc

作り方

1 鶏肉は皮面に塩少々（分量外）を振り、ひと口大に切る。にんにくは5mmの厚さに切る。玉ねぎは1cm幅に、さつまいもは一部の皮を残してむいたらひと口大に切り、耐熱容器に入れて水（分量外）にさらし、600Wの電子レンジで4分加熱し、火を通しておく。

2 フライパンに油、にんにく、玉ねぎを入れ、中火で炒めたら端に寄せる。空いた場所に鶏肉の皮面を下にして入れる。

3 玉ねぎとにんにくはときどき混ぜながら炒め、鶏肉は皮面に一部焼き色がつくまで動かさない。鶏肉の皮に焼き色がついたら全体を混ぜ、Aを加えて強火にしてよく混ぜ炒める。

4 さつまいもと牛乳を加え、さつまいもに火が通り木ベラでざっくり崩したらできあがり。

おすすめ

にんにくを入れずにやさしい風味のスープにしても。

とろけるかぼちゃスープ

材料はかぼちゃ、みそ、水だけ。
ほんのり甘みのあるやさしいスープです。

材料（2人分）

かぼちゃ……400g（約1/6個）
水……300cc
みそ……大さじ1と1/2
　＊濃い色のみそなら大さじ1と塩少々
塩……少々

おすすめ

煮詰めて水分を減らすとかぼちゃペーストに。パンのお供や、ちょっとしたおやつにもぴったりです。豆乳を100cc入れてクリーミーにしても。

作り方

1. かぼちゃは種を除き、皮を半分ほどむいて1cm幅に切る。
2. 鍋に水、かぼちゃを入れて強火で加熱し、ふつふつしてきたら中火にして蓋をし、ときどき木べらで崩しながら煮込む。
3. かぼちゃをおおよそ潰せたら、みそを加えて混ぜる。塩で味を調えたらできあがり。

＊さらになめらかにしたいときは、泡立て器で潰しましょう。

みそオニオングラタンスープ

けずりぶしとみそが旨みの隠し味。
玉ねぎの甘みが広がるほっとする味わいです。

材料（2人分）

玉ねぎ……1個（200g）
植物油……大さじ1と½
バター……15g
しょうゆ……小さじ1
A 混ぜておく
　みそ
　　……大さじ1と小さじ1
　水……大さじ1
水……400cc
けずりぶし
　……2つまみ（1g）
フランスパン（スライス）
　……2枚
ピザ用チーズ……適量
パセリ（あれば）……適量

作り方

1 玉ねぎは半分に切り、繊維を断つように薄切りにする。

2 フライパンに油、玉ねぎを入れて強火で炒める。一部茶色になったらバターを加えて中火にし、全体が軽く茶色になるまで炒める（飴色にならなくてもOK）。

3 フライパンの鍋肌にしょうゆを回し入れ、Aも加えて混ぜ炒める。水を加えて沸騰したら3分ほど煮込み、けずりぶしを加える。加熱している間に、パンにチーズをのせてトースターでチーズが溶けるまで焼く。

4 スープを器に盛り付け、上に焼いたパン、あればパセリ、けずりぶし少々（分量外）をのせていただく。

まいにち みそ汁

晴れの日でも、雨の日でも、
暑くても、寒くても、
自宅でも、旅先でも、
ごはんの日でも、パンの日も、
ほぼまいにち、
みそ汁をいただきます。
時季の野菜を入れれば旬の汁、
ちょっとずつ残った野菜を
鍋にポイポイ入れれば
みそのおかげでおいしい汁に。
気軽に、おいしく、
まいにちみそ汁をいただきましょう。

ごはんにもパンにもみそ汁を欠かさない

余裕のない朝でも、パックなめこや乾燥わかめがあれば、包丁なしでさっとみそ汁に。ちょっと豪快に、豆腐を大きいまま入れて、鍋の中で崩していくのもありです。

もっと慌ただしいなら、コップにみそとお湯を入れて溶くだけでもOK！　暑い夏は冷たい豆乳にみそを溶かすだけの豆乳みそ汁で栄養補給。朝ごはん抜きで職場に到着した日は、コーヒーカップでみそ汁を飲むのはいかがでしょう。　＊お湯150ccにみそ大さじ1/2が目安。

わが家の朝食は、ほぼまいにちごはんですが、週末はときどきパン。パンの日もみそ汁が登場します。そんなときは、いつものみそ汁よりも水の量を半分ほどにして、その分豆乳や牛乳を入れています。仕上げにこしょうを振ってカップやボウルに入れると「みそ汁」が「miso soup」に変身します。

季節をみそ汁で楽しむ

かんたん出汁

出汁、みそ、具材は季節ごとに楽しむ

みそ汁は、具材とみそだけでも十分おいしい。けれどやっぱり、出汁でもっとおいしくしたい。私がほぼ毎朝使っているのが、いりこ（にぼし）。頭と腹わたを除き、手で崩しながら鍋に入れればすぐに味が出るし、カルシウムも摂れます。仕上げにけずりぶしをひとつまみ入れるだけでも風味がアップします。

＊お湯400ccにいりこひとつかみ（4匹）が目安。

うちには、手前みそ（自作のみそで1年もの、2年ものなど）のほか、旅先で訪れた味噌蔵で出会ったみそ、いただきもののみそなど、いつも何種類かのみそがあります。ひとつの保存容器に複数のみそを入れて、その日、そのときの気分で選んだり、組み合わせたり。暑い夏はみそ汁を少し冷ましてからよそったり、冬はすりおろししょうがを入れたりと、季節ごとにちょっとした工夫をします。

野菜をたくさん入れるみそ汁には、少しだけ、油分を足します。定番の油揚げや、豚バラ肉やひき肉を少し入れたり、米油などの食物油を少したらしたりすると、野菜がくったりして、みそとなじみやすくなります。

そうそう、まいにちのことだから、自分の手になじむ、お気に入りの汁椀を用意するのもおすすめです。

季節の野菜や冷蔵庫にある材料、お腹の減り具合、そのときどきで、まいにちのみそ汁を楽しんでくださいね。

お気に入りのみそや椀で楽しむ

5章

やさしい塩味 みそのおやつ

みその控えめな塩味が甘みを引き立ててくれます。
チーズや板チョコ、干し柿、ナッツなど、
シンプルな材料で手軽に作れるおやつをどうぞ。

カマンベールチーズケーキ

チーズのまろやかさと、みその塩気が相性抜群です。
ほんのりとしたコクがあり、ワインや日本酒に合わせても。

材料（8×18cmパウンドケーキ型1台分）

土台用

- ビスケット……40g
- バター……40g

カマンベールチーズ（ホール）……1個（90g）

生クリーム……200cc

きび砂糖……50g

A 混ぜておく

- 卵黄……2個
- みそ……大さじ1と$\frac{1}{2}$ ＊濃い色のみそなら小さじ2
- 小麦粉……大さじ3（米粉でも可）

作り方

1 パウンドケーキ型にオーブンシートを敷いておく。ビニール袋に土台用のビスケットを入れて袋の上からめん棒で叩いて細かくし、常温に戻したバター（もしくは600Wで20秒加熱）を加え混ぜ、型の底にぎゅっと詰めて冷蔵庫に入れておく。チーズは半分に切ってから1cm幅に切る。

2 鍋に生クリームを入れて中火で熱し、沸騰しない程度に温めたら、チーズを加えて弱火にする。泡立て器で混ぜたり、上から押し付けながらチーズを溶かしたら（チーズの皮は溶けずに残っていてもOK）火を止め、砂糖を加えて混ぜ溶かす。人肌くらいの温度になるまで冷ましておく。

3 オーブンを180℃に予熱する。その間に、**2**と**A**を混ぜて**1**の型に流し込む。予熱が完了したオーブンに入れ、温度を170℃に下げて35〜40分焼く。焼き上がったら取り出して冷まし、冷蔵庫で冷やしたらできあがり。

＊シリコン型ならそのまま取り出し、鉄製で取り出しづらいときは、スプーンですくって盛り付けましょう。

おすすめ

仕上げに粗びきこしょうを振ると、おつまみにぴったり。また、生クリームの代わりに牛乳で作ると、さっぱり味に仕上がります。

みそバター干し柿

干し柿の甘みにくるみの食感、バターのコク、
みその風味がたまらない大人のおやつです。

材料（2個分）

干し柿……2個（小）
バター……20g
くるみ……10g
みそ……小さじ1
＊薄い色のみそは小さじ2
はちみつ……小さじ1

おすすめ

干し柿の内側にブランデーを少し塗ると大人味に。

作り方

1 柿は縦に切り目を入れて種を除く。バターは室温に戻し、くるみは炒っておく。

2 ボウルにバターとみそを入れざっくり混ぜ、はちみつとくるみを加え混ぜる（混ざりきらなくてもOK）。

3 2を干し柿の切り目から入れ、ラップで包んで冷蔵庫でよく冷やしてから、食べやすい大きさに切る。

材料（作りやすい分量）

みそ……大さじ1
　＊濃い色のみそは小さじ2
水……大さじ1と1/3
　（硬いみそなら大さじ3）
薄力粉……100g
白ごま油……大さじ1と2/3
　（米油でも可）
砂糖……大さじ1

作り方

1 ボウルにみそと水を入れて混ぜてから、残りの材料をすべて加えて手でこねる。まとまったら冷蔵庫で30分ほど生地を寝かせる。

2 まな板に生地を置き、めん棒で2〜3mmの厚さに伸ばす（手のひら2個分ほどの大きさになる）。生地がめん棒につきやすいときは、打ち粉、またはオーブンシートで生地を挟んでから伸ばす。

3 食べやすい大きさに包丁で切る。あまった生地は、再度伸ばして切る。

4 天板にオーブンシートを敷き、生地を並べてフォークで穴を数カ所あける。

5 150℃に予熱したオーブンで15分焼く。さらに、オーブンの扉を開けずに余熱で5分おき、取り出して天板の上で冷ましたらできあがり。

みそクラッカー

軽くてカリッと香ばしい。
クリームチーズやジャムなどを
ディップするのもおすすめです。

みそナッツ

みそと砂糖でナッツを
キャラメリゼしました。

材料（2人分）

ナッツ（くるみ、アーモンド、ピーナッツなど）……70g
きび砂糖……大さじ2と½
A 混ぜておく
みりん……大さじ2
みそ……大さじ2

作り方

1 フライパンにナッツを入れて中火で熱し、2分ほど炒る。砂糖を加えて混ぜ、絡んだらAを加え混ぜる。水分が飛んだらできあがり。

みそパウンドケーキ

みそとバターの風味が香ります。
数日冷やすと味がさらになじみます。

材料
（8cm×18cmパウンドケーキ型1台分）

バター……70g
薄力粉……120g
ベーキングパウダー……4g
きび砂糖……80g
白ごま油……30g（米油でも可）
A 混ぜておく
卵黄……2個
みそ……大さじ1と½
＊濃い色のみそは小さじ2

作り方

1 パウンドケーキ型にオーブンシートを敷いておく。オーブンを180℃に予熱する。バターは常温に戻す（もしくは600Wで15秒加熱）。薄力粉とベーキングパウダーは合わせてふるっておく。

2 ボウルにバター、油、砂糖を入れ、ハンドミキサーで白っぽく、もったりするまで泡立てる。そこにAを2回に分けて加えて混ぜる。

3 薄力粉を2回に分けて加え、ヘラでざっくり混ぜる（混ぜすぎ注意）。型に流し込み、平らにする。

4 天板にお湯150cc（分量外）を入れて3をのせ、予熱したオーブンで15分焼く。さらに温度を160℃に下げて30分焼き、余熱で5分おいたらできあがり。

材料（3個分）

スライスチーズ……2枚（40g）
薄力粉……100g
きび砂糖……10g
ベーキングパウダー……3g

A 混ぜておく

みそ……10g（小さじ2）
植物油……10g
水……40cc

作り方

1 チーズは1cm角に切る。薄力粉、砂糖、ベーキングパウダーをボウルに入れて混ぜる。

2 Aを加えて手で混ぜ、ひとかたまりになるまでこねたら、生地を手で潰して伸ばしチーズをのせて折りたたんだらまた伸ばす。これを数回繰り返してチーズを生地に練り込んだら、30分ほど寝かす。

3 生地を3等分にして、直径6cmくらいの饅頭の形に成形したらフライパンに並べる。中火で熱し、温まったら側面から大さじ3の水（分量外）を入れて蓋をし、弱火で4分ほど焼く。焼き色がついたらひっくり返し、再度側面から水を大さじ2（分量外）加えて蓋をして、さらに4分ほど焼く。

*すぐ食べないときは、温かいうちに保存ビニール袋に入れて口を開けておき、冷めたら口を閉じると保湿できます。

焼きもち
群馬県の郷土料理にチーズを入れました。
もっちりやさしい味わいで軽食にもぴったりです。

みそ生チョコ

みその風味がほんのり顔を出し、お酒にも合わせやすいおやつです。

材料（作りやすい分量）

板チョコ……5枚（250g）

みそ……大さじ2

＊濃い色のみそは大さじ1

生クリーム……100cc

仕上げ用

抹茶、すりごま、
きなこ……適量

作り方

1 チョコは細かく割るか、切っておく。みそは生クリーム大さじ3と先に混ぜておく。

2 残りの生クリーム、1のみそを鍋に入れて中火で熱し、沸騰直前で弱火にしてチョコを加えて泡立て器で混ぜながら溶かす。

3 型に流して冷ます。さらに冷蔵庫で冷やし固めてから、好みの大きさに切る。仕上げに抹茶、すりごま、きなこなどをまぶしたらできあがり。

＊溶けやすいので冷蔵庫で保管する。

6章

みそと暮らす

みそが大好きなminokamo。
みそとの出会いや日々のみそ付き合いのこと、
みそ料理とお酒との組み合わせなど、
minokamoとみそのちょっといい関係のお話です。

みそとの出会い

いろいろな料理で“みそ変換”

カレーやナポリタン、パンのお供のスープなど、いつの間にか〝みそ変換〟された、私の日常料理。その原点は、やはり母のみそ汁。みそ色に染みた大根やあさりなど、季節の具がたっぷり。私が作るよりもちょっとみそが濃いめ。今でも実家に帰ると懐かしく、有難く、味わっています。

いろんな料理を〝みそ変換〟して作ってみる――。その始まりは、小学生の頃のNHK『きょうの料理』ごっこ。毎週土曜日、私が料理家の先生で、妹をアシスタントにして、お昼ごはんを作っていました。そのときに作って大発明！と思い込んだ一品が「みそミートソース」。いつものミートソースにみそを入れると、コクが出るし、ごはんにも合うし、なんておいしいの！と、二人で大喜びしたのを今でもよく覚えています。

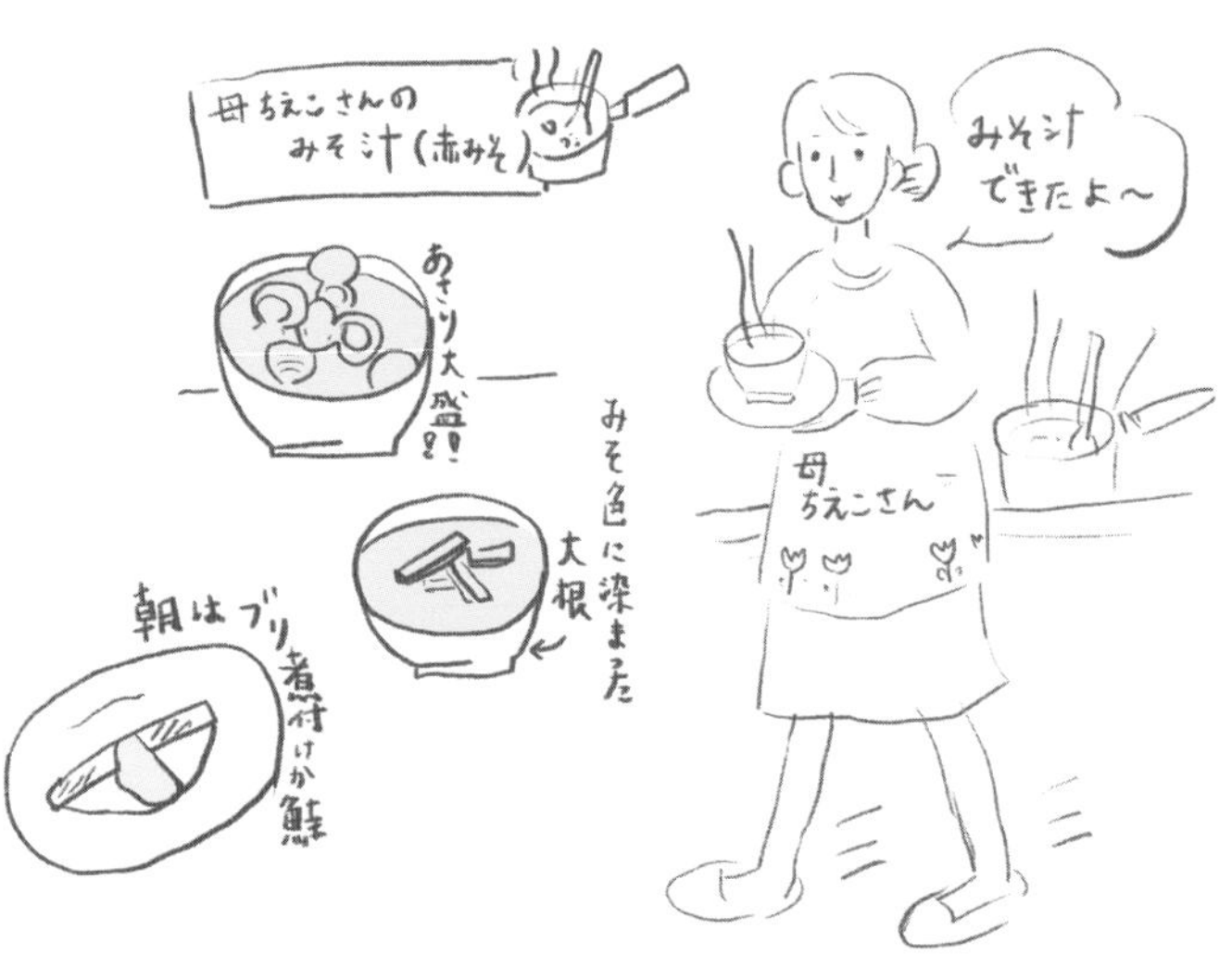

近頃、仕事仲間やお客さまに振る舞うお昼の長年の定番は、おにぎりか、みそカレー。おにぎりのみそはすぐにわかると思いますが、みそカレーは「あら、おいしい!」と言ってもらえても、みそを使ったことにはほとんど気づかれません。そのときある材料で、短時間でさっとできあがるので、日常的にも、イベント時に手伝ってくださる方へのまかないにも、よく作っています。

日々料理をしていると、しょうゆや塩がレギュラーの料理のときにも、みそが「参加します!」と手を挙げてくれるのです。そうやって、私の〝みそ変換〟がすすんでいきます。

　そして、実家に帰るとまた、母のみそ汁でほっとする——〝みそ変換〟から原点に戻る、を繰り返しながら、みそ料理が広がっています。

母ちえこさんの、朝定食

みそと野《の》飯《めし》

あったまるみそ大活用

どうして、外で食べるごはんって、わくわくするのでしょう！

よりおいしく感じますよね。キャンプでは焚き火、河川敷や公園などちょっとした屋外ではオイルバーナー、自宅のテラスでは卓上ガスコンロ。旅先などで火がなくても、生野菜をパンに挟んだだけでも、風景を眺めながら食べればごちそうです。

私はこうした外で食べるごはん、「野飯」をちょくちょく楽しんでいて、そのときに大活躍するのが、P.84～90で紹介しているみそ調味料です。たとえば「あったまるみそ」（以降みそ）をお供にキャンプへ行ってみましょう。

直売所で食材を買い込み、キャンプ場に着いたらすぐ、ついさっき仕入れたきゅうりにみそをつけて食べて腹ごしらえ。バーベキューの火をおこしながら、炭火になすを放り込

あったまるみそ、はちみつ、クミンとカレー粉、山椒など

みます。香ばしい焼きなすは、みそとの相性が最高。バーベキューのお肉や野菜は、タレの代わりにみそをつけて。これがビールなどのお酒にもよく合います。鍋で麺をゆでてみそを入れたら、シメのみそラーメンのできあがり。

朝ごはんには、みそにお湯を注ぐだけのみそ汁やこしょうを入れたスープを。卵かけごはんにみそを添えたり、スクランブルエッグや目玉焼きにも合います。

野飯の場にみそ調味料があると、一人分でも、大人数でも、生野菜でも、焼いただけの食材でも、すぐにごちそうに！　みそドレッシングは酢が入っていて、あったまるみそはみそがベースなので、常温でも3日ほど持ち運べて、野飯に便利なのです。

みそカレー味に漬け込んだ手羽元を海辺で食す

みそさんしょう飯を朴葉皿に盛り山で食す

郷土料理から見る日本みそ列島

日本には、各地の風土から生まれたさまざまなみそがあり、その地域ごとにみそを使った郷土料理があります。私の故郷、岐阜県の「五平餅」や「朴葉焼き」もそのひとつ。北は北海道から南は沖縄まで、ここには載せきれないほど多くのみそ料理に彩られている日本みそ列島です。

01 北海道

鮭のちゃんちゃん焼き

漁師料理が始まり。鮭と野菜にバターをのせて蒸し焼きし、みそなどで味付けする。

02 青森県

貝焼きみそ

ホタテの殻に、出汁とみそと具材を煮て溶き卵で仕上げる。貝殻が嫁入り道具になることも。

03 岩手県

そばかっけ

蕎麦粉か小麦粉の生地を薄く三角形に切り、野菜と豆腐と煮る。にんにくみそをつけていただく。

04 福島県

みそかんぷら

かんぷら=福島の方言でじゃがいも。小いもを皮ごと素揚げしてみそ、しょうゆ、砂糖、酒で炒め絡める。

05 千葉県

なめろう

新鮮なアジなどを薬味とみそと合わせタタキにしたもの。しそで挟んで焼けば「さんが焼き」に。

06 愛知県

みそ煮

野菜などを豆みそと砂糖などで煮たもの。煮物と汁タイプがあり、豆みそのコクを味わえる一品。

07 石川県

なすの舟焼き

半分に切ったなすを船に見立て、田楽みそをつけて焼いた、とろりとしたなすがおいしい一品。

08 岐阜県

五平餅

潰したごはんを串につけ、みそと砂糖とくるみなどを入れた甘みそダレを塗って、香ばしく焼き上げる。長野県などにもある。

09 滋賀県

近江牛のみそ漬

近江牛をみそに数日漬け込むことで、保存性を高めまろやかな風味に。焼いていただく。

10 奈良県

飛鳥鍋

牛乳と白みそベースの鶏肉と野菜のクリーミーな鍋。明日香村で1300年もの歴史がある。

11 広島県

かきの土手鍋

鍋のふちに、白みそと赤みそとみりんなどを混ぜたものを塗り、野菜とかきを出汁で煮込み、みそを崩しながら食べる鍋。

12 宮崎県

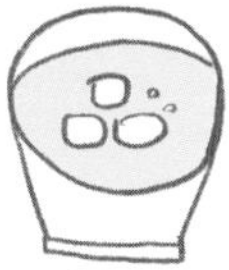

冷や汁

焼き魚、ごま、麦みそをすり潰し、きゅうりや豆腐を入れてごはんにかける汁。

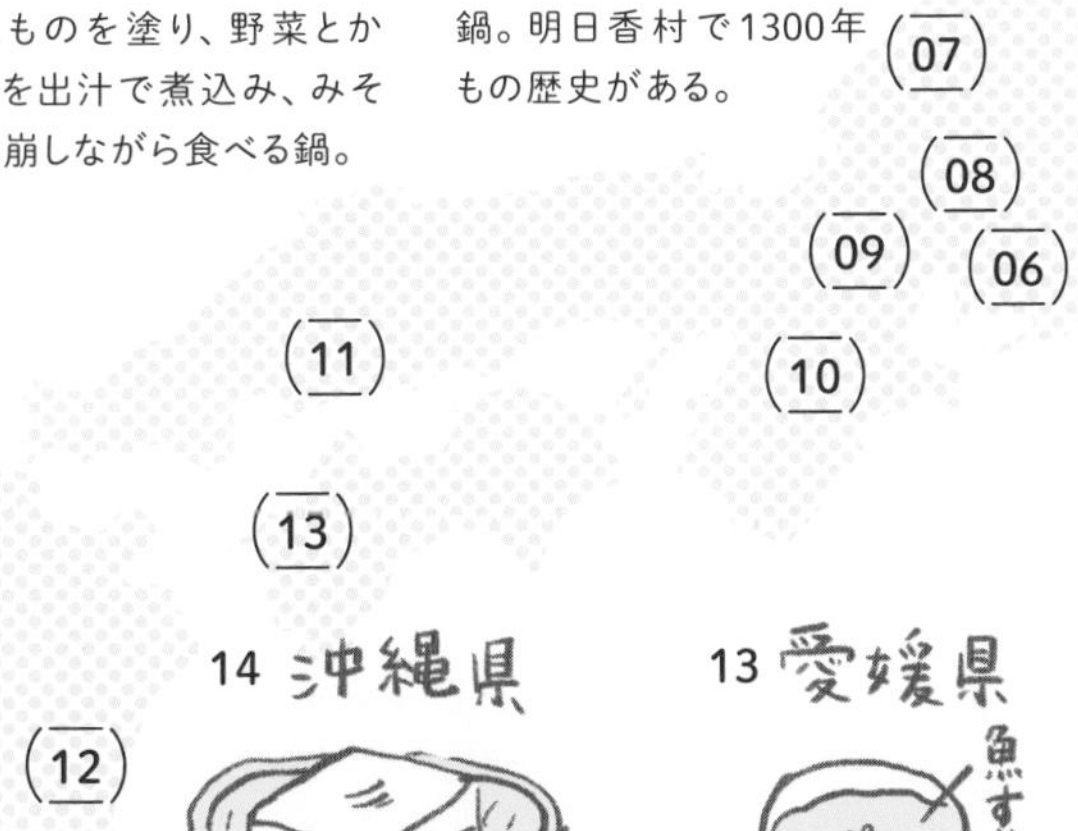

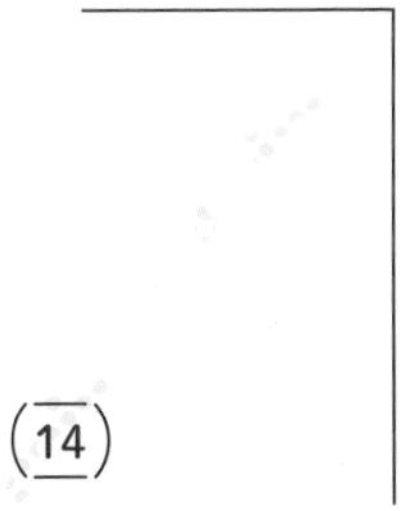

13 愛媛県

さつま

鯛などの白身魚を焼き、麦みそとすって、出汁、こんにゃく、ねぎ、みかんの皮でさわやかな風味もつけ、麦飯にかける。

14 沖縄県

ラフテー(みそ豚)

泡盛とみそで豚の三枚肉をとろけるほど煮込んだもてなし料理。

みそ作りはご縁つなぎ

毎年、みそを友人たちと作っています。みんなの手で、大豆と麹と塩を混ぜる。空気が入らないように木樽に詰める。作業としてはシンプルですが、仕込み量によっては結構な時間と労力がかかります。

大寒（一月二十日〜二月上旬）の頃に集まって仕込み。色の変化で発酵具合を確認し、梅雨明け頃にそろそろできたかなと味見を始め、秋から冬にかけて深みを増す風味を楽しみます。一年、二年と月日が経って発酵がすすんでいくのも、手作りみそのうれしいところ。

ゆでた大豆、麹、塩をよく混ぜる

友人たちとは同じ材料で一緒にまとめて作って、めいめいの樽や容器に詰める。「今年もきっとおいしくなるね」と、おしゃべりしながら手を動かします。それぞれ自宅に持ち帰り、それぞれの環境で発酵させると、色や味わいも少しずつ違うけれど、それぞれにおいしいみそになってくれます。

みそ作りを長年続けるうちに、友人たちも職場が変わったり、引っ越したりで会う機会も少なくなりました。それでも毎年二月にはみそ作りのために必ず集まっています。

地域によっては集落の女性たちが集い、一年分のみそを協同で作る「みそ小屋」があったそうです。

友人たちとワイワイみそ作りをしながら「かつてのみそ小屋でもこんな感じだったのかな」と想像します。「みそを作る」ことが人と人とを結び、地域の食文化をつないでいく、その一端を担っているのですね。

木樽にみそ玉を入れ、熟成させる

手で丸めてみそ玉を作る

みそとお酒の相性MAP

みそ料理はお酒とも好相性。ビールやハイボールでシュワッと軽やかに飲みたいときは薄い色のみそ、赤ワインやウイスキーでじっくり飲みたいときは濃い色のみそ、みそ料理はそれぞれのシーンに寄り添ってくれます。

日本酒

白ワイン、シャンパン

ビール

ロゼワイン、オレンジワイン

薄い色のみそ

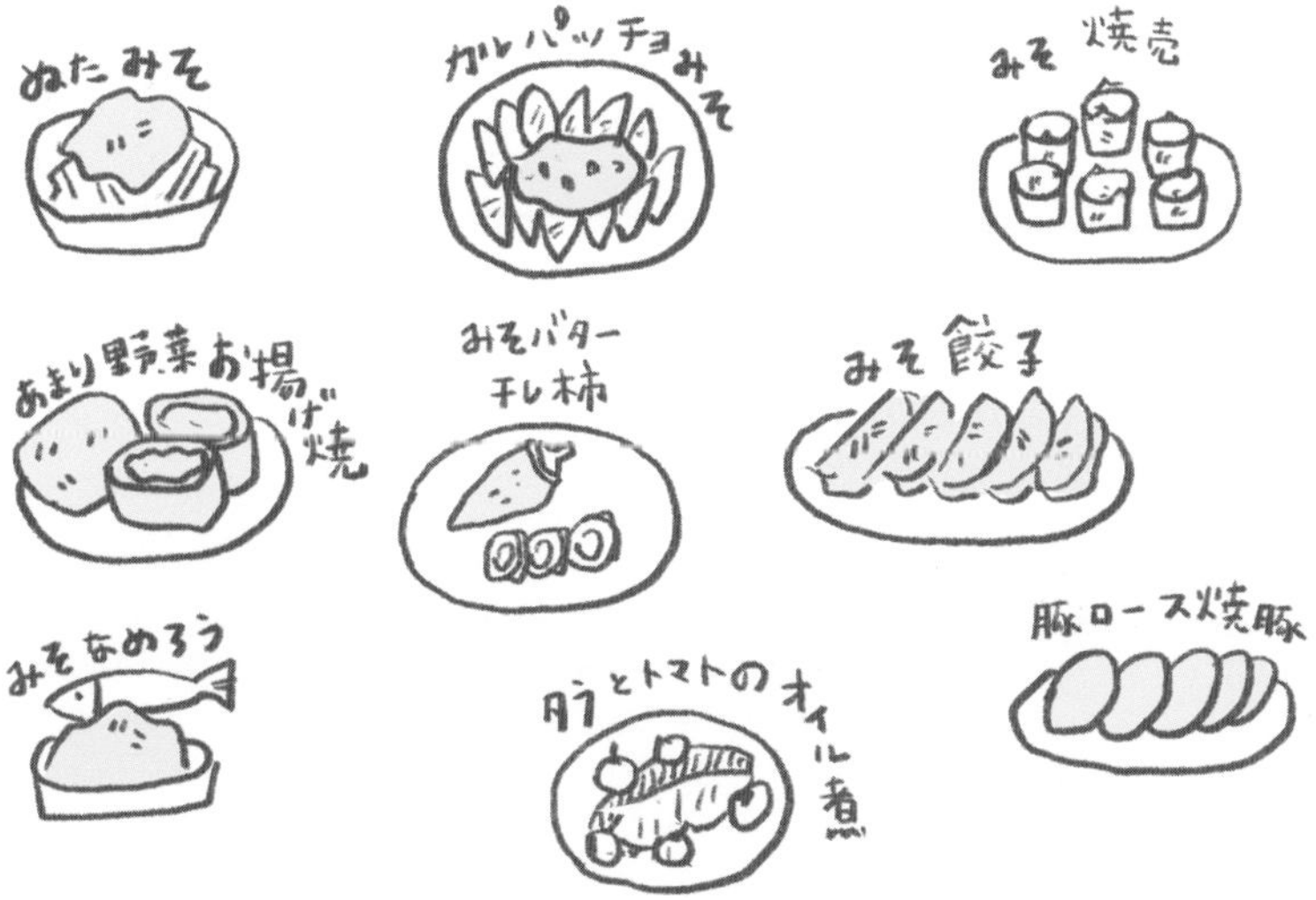

ここでは「みそバー」を使って、料理に使うみその色とお酒の種類との組み合わせを考えてみました。もちろん、お酒の原材料や温度、飲み方によっても、いろいろな組み合わせがあると思います。そのときどきで楽しんでくださいね。

世界の料理旅と「みそめがね」

この本では、日本の食卓でもおなじみの餃子やトマトソース、洋風スープにおやつなど、中華料理や洋食にもみそを加えるレシピを紹介しています。

日本国内だけでなく、世界にあるおいしいもの、それぞれの国の郷土料理をたずねる料理旅では、「この料理をみそで作ったら?」を想像できる「みそめがね」は必携アイテム。

――ドイツのビール煮込みは、名古屋のどて煮に近いんじゃないかしら。濃い色のみそで試してみよう。

――モロッコの酸味のあるクスクスのトマトスープに、みその隠し味が効きそう。

――クロアチアのシャンピニオン（きのこ）のスープは、明るい色のみそを入れると濃厚なきのこの風味と合いそう!

――シンガポールのサテー（肉の串焼き）につ

けるピーナッツペーストを、みそで作ってみるのも面白いな。

はじめましての料理も、再会がうれしい料理も、みそを合わせてみたくてうずうずしてしまうんです。

帰国すると早速「想像みそ料理」を作ってみます。北京の涼麺や羊鍋には濃いみそ、イタリアのボロネーゼには赤ワインとみそでコク、ベトナムのハーブたっぷりの生春巻きにはみそとレモンとはちみつのソース、バインミーにもみそがアクセントになりそう……。想像以上の相性の良さに驚きます。

こうしてあちこちへの料理旅を重ね、想像みそ料理を試作しながら、minokamoみそ料理は、世界中のいろいろな国に広がっていくのです。

台湾の胡椒餅

イタリアの手打ちパスタ

ベトナムの生春巻き

ベルギーで教わったクスクス

おわりに——暮らしに添えるひとさじのみそ

みそはおいしい。
みそは頼りになる。
みそは元気をくれる。

おいしいごはんを食べようと、楽しく作る日、
慌ただしくてササッとすませたい日、
メニューを考えたり材料を切ったりするのもおっくうな日。
晴れたり曇ったりするお天気のように、
お料理を作る状況もいろいろありますね。
はらぺこなときはみそを使った肉料理でがっつりと。
くたびれている日はかんたんみそ汁で滋養を。
ゆとりのある日はおやつも作ってみたり。

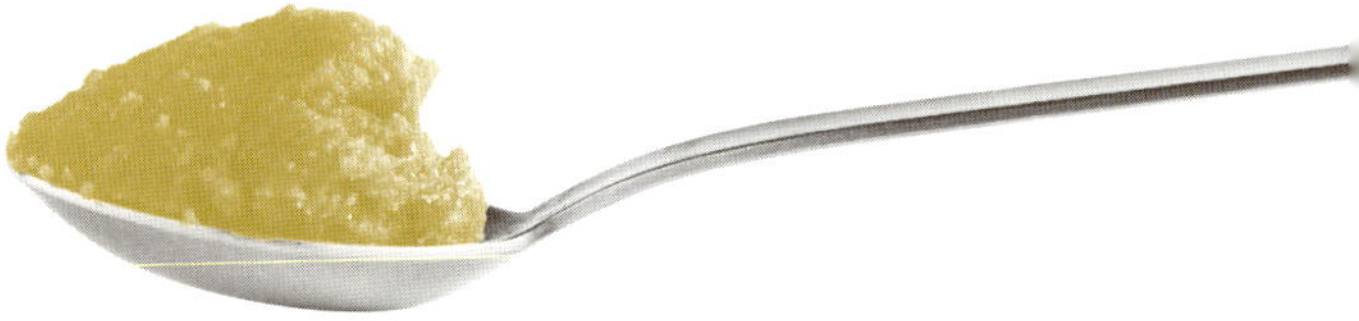

みそは、その日、そのとき、それぞれにおいしいのはもちろん、
頼り甲斐があって、元気をくれる存在です。

全国各地それぞれにいろんなみそがあって、
地域で愛されるみそを使った郷土料理が伝わります。
そして、生活の変化や食の好みに応じて、
新顔のみそ料理が生まれているでしょう。

この本が形になるまでには、ほんとうに多くの方のご尽力をいただきました。
深く感謝申し上げます。
そして、この本をお手許に迎え入れてくださったみなさんにも、
「ありがとうございます！」と、大きな声でお伝えしたい！

みなさんのまいにちに、みそが寄り添い、
おいしい食卓と楽しい暮らしが続くよう、
この本がその助けとなるなら、うれしいです。

minokamo

minokamo《みのかも》（長《なが》尾《お》明《あき》子《こ》）

郷土料理家、写真家。岐阜県美濃加茂市出身。東京と岐阜（祖母が暮らした築100年ほどの家）が拠点。郷土食の調査、執筆、レシピ化をライフワークとしている。自治体などと協力しながら特産品を生かした料理も数多く考案。器使いの提案、フードスタイリングも手がける。地元、岐阜県の新聞などで連載を担当するほか、著書に『粉100、水50でつくるすいとん』（技術評論社）、『料理旅から、ただいま』（風土社）など。

撮影	長野陽一、minokamo（P.102、P.114～125）
スタイリング＆イラスト	minokamo
デザイン	中村 妙
編集	伊藤彩野（MOSH books）
校正	株式会社ぷれす
料理助手	市川友希江

監修協力	佐野みそ亀戸本店 〒136-0071 東京都江東区亀戸1-35-8 電話番号 0120-120-685

みそ味じゃないみそレシピ
「ひとさじ」で変わる新しいみその使い方

著　者　minokamo
発行者　池田士文
印刷所　日経印刷株式会社
製本所　日経印刷株式会社
発行所　株式会社池田書店
〒162-0851
東京都新宿区弁天町43番地
電話 03-3267-6821（代）
FAX 03-3235-6672

落丁・乱丁はお取り替えいたします。

ISBN 978-4-262-13094-1

[本書内容に関するお問い合わせ]
書名、該当ページを明記の上、郵送、FAX、または当社ホームページお問い合わせフォームからお送りください。なお回答にはお時間がかかる場合がございます。電話によるお問い合わせはお受けしておりません。また本書内容以外のご質問などにもお答えできませんので、あらかじめご了承ください。本書のご感想についても、当社HPフォームよりお寄せください。
[お問い合わせ・ご感想フォーム]
当社ホームページから
https://www.ikedashoten.co.jp/

24008512